KB133760

문자의
발견
**역사를
흔들다**

문자의 발견 역사를 흔든다
- 20세기 중국 출토문자의 증언

2016년 8월 17일 제1판 1쇄 인쇄
2016년 8월 24일 제1판 1쇄 발행

지은이   후쿠다 데쓰유키
옮긴이   김경호, 하영미
펴낸이   이재민, 김상미

편집   이유나
디자인   달뜸창작실, 최인경

종이   다올페이퍼
인쇄   천일문화사
제본   광신제책

펴낸곳   너머북스
주소   서울시 종로구 자하문로 100-1(청운동 108-21) 청운빌딩 201호
전화   02) 335-3366, 336-5131 팩스 02) 335-5848
홈페이지 www.nermerbooks.com
등록번호 제313-2007-232호

ISBN 978-89-94606-42-2 03910

본 출판물은 2007년 정부(교육과학기술부)의 재원으로 한국연구재단(구 학술진흥재단)의 지원을 받아
수행된 연구임(NRF-2007-361-AL0014)

너머북스와 너머학교는 좋은 서가와 학교를 꿈꾸는 출판사입니다.

문자의
발견
역사를
흔들다

20세기
중국
출토문자의
증언

후쿠타 데쓰유키 지음
김경호 · 하영미 옮김

발견의 세기를
탐험하다

"오늘날은 발견의 시대라고 할 만하다. 지금까지 이에 필적할 만한 시대는 없었다."

1925년 6월, 중국 근대 석학의 한 사람인 왕국유王国維(왕궈웨이)는 북경의 청화대학에서 '최근 20~30년간 중국에서 새로이 발견된 학문'이라는 제목으로 강연을 하였다. 이 강연 내용을 정리한 글「최근 20~30년간 중국에서 새로이 발견된 학문最近二三十年中国新発見之学問」(『정안문집속편静安文集續編』)의 첫머리에서는 최근 20~30년간의 대표적인 발견으로 은대殷代의 갑골문甲骨文, 한진대漢晋代의 목간木簡, 당대唐代의 돈황敦煌 문서 등을 언급하였다.

2년 뒤, 왕국유는 이화원의 곤명호에 몸을 던져 자살하였다. 하지만 '발견의 시대'라던 그의 말대로, 이후에도 새로운 발견은 계속되었다. 왕국유의 말을 빌리자면, 20세기는 실제로 '발견의 세기'였다. 그리고 그 중심에 유적과 고분에서 발굴된 출토문자 자료가 있었다.

출토문자 자료는 각각의 내용에 따라 사상사·법제사·과학사 등 개별 분야 자료로서 의의가 있다. 동시에 내용의 차이를 초월해 문자 그 자체를 대상으로 하는 서도사書道史나 문자학 자료로서의 의의도 있다. 당연히 양자는 모두 밀접한 상호 연관성을 지닌다. 이 책은 출토문자 자료가 갖는 이러한 다양한 의의를 전문가가 아닌 일반 독자도 이해하기 쉽도록 소개하는 데 뜻이 있다.

전체 구성은 20세기에 발견된 자료를 중심으로 은부터 당까지 열 가지를 선별하여, 시대 순으로 배열하였다. 각 장 첫머리에는 연표와 지도를 실어, 자료의 연대와 출토지 등을 제시하였다. 다만 자료의 연대는 명확히 파악하기 어려운 것도 적지 않아, 어디까지나 하나의 기준이라는 점에 대해 미리 양해를 구하고자 한다.

'발견의 세기'를 열어젖힌 19세기 말 갑골문의 발견부터 하나하나 살펴보기로 하자.

동아시아 고대사에 대한
새로운 이해의 출발

오늘날 우리들이 글씨를 쓰거나 책을 만들 때 사용하는 재료는 종이다. 종이는 언제부터 사용되기 시작했고, 종이 발견 이전에는 무엇에 글씨를 쓰거나 책을 만들었을까? 일반적으로 동아시아 사회에서는 중국 후한 시대에 채륜이 채후지蔡侯紙를 발명한 이후부터 종이를 사용했다고 볼 수 있다. 그렇다면 그 이전 시기에 종이 역할을 대신한 것은 무엇일까?

종이 발견 이전의 서사 재료는 그 재질에 따라 죽간竹簡, 목간木簡 그리고 비단을 사용한 백서帛書 등이 있으며, 이를 총칭하여 간백簡帛이라 한다. 간백은 자료 성격상 두 가지 특징이 있다. 우선 출토, 즉 땅속에서 발견되었다는 의미가 있다. 또한 문자가 기록되어 있어 당대의 현실을 있는 그대로 반영하고 있다. 즉 출토문자 자료는 역사적 사실을 가감 없이 우리에게 전하는, 지하로부터 전해온 메시지다.

1974년 중국의 서안 동쪽 근교에서 한 농부에 의해 전 세계가 놀랄 만한 고고학적 발견이 있었다. 중국을 최초로 통일한 진 시황제의 군사 조직인 병마용 갱의 발견이었다. 그 이듬해, 호북성 운몽현에서는 진 시황제 시기의 무덤이 발굴되었다. 발굴된 무덤 가운데 이른바 11호 무덤에서 진대의 법률이 기록된 1,155매의 대나무로 만든 문서가 발견되었다. 이는 무덤 주인이 생전에 업무 수행과 관련한 법률 지식을 습득하기 위하여 읽은 오늘날 법전과 같은 법률 문서였으며, '수호지 진묘 죽간'이라 이름하였다(5장 참고). 그 내용은 종래 알려진 문헌 『사기』나 『한서』에서는 잘 알 수 없던 진나라 법률의 자세한 조항이었으며, 진대의 법가적 통치 실상에 대해 새로운 역사적 사실을 밝혀주는 결정적 계기가 되었다. 병마용 갱과 수호지 진묘 죽간 발견의 공통점은 모두 땅속으로부터 나왔다는 것이다. 2,000여 년 전의 역사적 사실을 품고 땅속 깊은 곳에서 나와 이전에는 알려지지 않았던 새로운 역사적 실체에 대해 우리에게 알려주고 있다.

중국 고대사를 연구하는 역자는 이 책을 읽으면서 단번에 매료되었다. 종래 우리가 알던 역사적 사실 그리고 각 시대를 대표하는 출토문자 자료에 따라 발견된 새로운 역사적 진실을 함께 일반 독자도 쉽게 이해할 수 있도록 안내해주고 있어서다. 예를 들면, 제1장에서 다룬 갑골문이 그 대표적인 경우다. 청말 민국 시기에 이른바 의고학파와 서구에서 도입된 근대 학문을 주창한 학자들이 은 왕조를 부정한 사건은, 찬란한 중화문명의 주인공이라 자부하던 당시 중국인에게는 단순히 『사기』 「은본기」에 기록된 은 왕조에 대한 의심을 넘어서 자신들의 고대 문명이 사라져 버리는 커다란 상실감으로 다가왔다. 그러나 당시 한약재 상인에게 용골龍骨이라는 만병통치약으로 팔린 거북이 등딱지가 허구의 은 왕조가 실재의 은 왕조라는 사실을 밝혀내는 결정적 문자 자료로서의 역할을 한 것은, 그야말로 이 책의 제목이 암시하듯 '문자가 역사를 뒤흔든' 사건이었다. 이러한 내용을 처음 접하는 일반 독자에게는 어쩌면 충격적인 사실일 수도 있겠다.

이 책은 주요 출토문자 자료를 시대에 따라 총 10장으로 구성하였으며, 출토 결과 새롭게 밝혀진 중국 고대 역사에 대해서 매우 흥미진진하고도 알기 쉽게 서술하고 있다. 독자들은 책을 읽어 나가면서 청동기에 새겨진 명문을 통해 서주 왕조의 실체를 접하고(2장, 3장), 전국 시대 초나라 문서를 통해 기존에 이해하고 있던 유학사에 대한 인식을 수정할 수 있을 것이다(4장). 또한 2,000년 전 무덤 속에서 출토된 백서를 통해 오늘날 중국 사상의 원형이 된 다양한 학문 세계를 경험하며(6장), 은작산 한간의 발견을 통해 위서의 오명을 벗을 수 있었던 『손자』에 대해 이해할 기회를 얻을 것이다(7장). 또한 변경 지역 문서 생활의 실체(9장, 10장)를 확인하면서, 중국 각 지역에서 새로운 자료의 출토에 따라 고대 중국의 새로운 면모를 이해할 수 있는 계기가 마련되고 있음을 실감할 수 있다.

이처럼 고대 중국에 대해 새로이 이해할 수 있는 계기가 마련된 것은 무엇보다도 전래 문헌에서는 찾아볼 수 없던 귀중한 내용을 담은 엄청난 수량의 출토문자 자료가 1970년대 이후부터 중국 각지에서 거의 매년 계속하여 발견된 덕분이다. 특히 2000년도를 전후한 시기에 진행된 무덤 발굴이나 홍콩으로부터의 매입 등을 통해, 새로운 간백 자료는 비약적으로 증가하였다. 그 결과 기존 역사학 또는 사상사 등

의 시각뿐만 아니라 출토문자 자료에서 확인되는 서체書體의 변화와
같이 새롭고 다양한 관점에서, 중국 고대 사회에 대해 접근하고 이해
할 수 있게 되었다.

이 책은 이렇듯 은대 갑골문에서 당대 투루판 문서에 이르기까지
문서의 변천에 대해 통시적으로 고찰하면서 당대의 사회적 변화를 아
울러 여러 방면으로 분석하고 있다. 전문적인 연구 성과를 소개한다
기보다는, 이를 바탕으로 일반인도 이해할 수 있도록 풀어 쓰는 데 주
력한 흔적이 역력하다. 따라서 독자들이 출토문자 자료를 중심 줄기
삼아 다양한 관점에서 중국 고대 사회의 실체를 체감할 수 있으리라
기대한다.

나아가 역자는 이 책을 통해서 얻은 출토문자 자료에 대한 이해와
지식의 폭을 중국만이 아니라 고대 한반도와 일본까지 확대한다면,
고대 동아시아 사회에 대한 새로운 인식의 지평 또한 넓힐 수 있을 것
이라고 생각한다. 최근 한국의 각 지역에서도 6~7세기 무렵의 목간
이 출토되어 고대사 실상을 이해하는 데 큰 도움을 얻었다. 또한 일본
에서 출토된 목간과의 연관성을 통해 문화 교류에 대한 새로운 시각
을 더하기도 했다. 이러한 현실은 기존 문헌 자료를 통한 연구를 훨씬
심화할 수 있는 계기를 제공하고 있다. 고대 동아시아 사회에 대한 새
로운 이해의 출발 역시 출토문자 자료에 대한 기초적 이해를 통해서
가능할 것이라 기대하는 이유다.

"새로운 학문은 새로운 자료의 발굴에서 나온다[古來新學問起 大都由于新發見]"라던 왕국유의 말은 바로 이 책의 핵심 내용인 출토문자 자료를 대상으로 한 언급이라 해도 과언이 아니다. 이렇듯 새로운 자료를 통해 중국 고대 사회의 실체를 쉽게 이해할 수 있도록 서술한 이 책의 내용을 정확하게 전달하는 데 역자의 부족한 능력 탓에 미흡함은 없었는지, 번역을 마친 시점에 홀가분한 마음보다는 두려움과 걱정이 앞선다. 잘못된 점이 있다면 전적으로 역자의 과문함 탓이다. 독자 여러분의 양해를 구한다. 다만 이 책이 소개하는 출토문자 자료와 문헌 자료의 내용을 바탕으로 중국 고대 사회에 대한 이해, 나아가 고대 동아시아 사회에 대한 이해의 폭이 확대되었으면 하는 소박한 바람을 피력해 본다.

2016년 8월
명륜동 연구실에서
김경호

일러두기

· 중국의 인명과 지명은 대부분 우리말 한자음으로 표기했다. 다만 신해혁명 이후 인물의 경우에는 처음 언급될 때 중국어 발음을 병기했다.[예: 왕국유(왕궈웨이)]

· 그 외 인명과 지명은 국립국어원 외래어표기법을 기준으로 삼았다.

· 지은이 주는 숫자로, 옮긴이 주는 *로 표시했다.

고대 은 왕조는
실재하였다

갑골문

실제로 존재했는지조차 의문시되었던 중국 고대 은 왕조. 그러나 19세기 말, 거북이 등딱지와 짐승 뼈에 새겨진 삼천 하고도 수백 년 전 은대의 문자가 대량으로 발견되었다. '갑골문'이라는 이 고대문자는 공표 이후 놀라운 속도로 해독되어, 전설 저편에 잠들어 있던 은 왕조의 실태를 명백히 드러냈다.

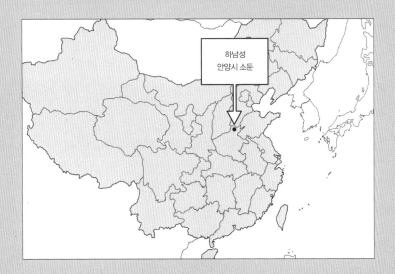

하남성
안양시 소둔

세기말의 대 발견

1799년 7월, 나폴레옹이 이끄는 이집트 원정대의 참모장교 피에르 부샤르 대위는 나일 강 서쪽 지류 하구의 로제타 부근에서 병사들에게 보루 증축 작업을 지시하고 있었다. 그때 한 병사가 큰 현무암 비석을 발견했다. 비석은 파손이 심한 데다 특히 왼쪽 윗부분이 크게 훼손되어 있었다. 하지만 잘 다듬어진 표면에 세 단으로 나누어 촘촘하고 빽빽하게 새겨놓은 세 종류 문자는 선명했다.

이후 연구에서 이 비석은 기원전 196년 이집트의 프톨레마이오스 5세를 기념한 포고문布告文으로 밝혀졌다. 상단은 이집트 성각문자(히에로글리프hieroglyph, 돌에 새긴 신성한 문자), 중단은 이집트 민중문자(데모틱demotic, 오른쪽에서 왼쪽으로 가로로 쓴다), 하단은 그리스문자로 각각의 대역對譯이었다.

이것이 고대문자 해독의 역사에서 유명한 로제타석의 발견이다. 이 로제타석은 이집트 성각문자 해독의 단서를 열었으며, 발견 23년째인 1822년 9월에 31세의 장 프랑수아 샹폴리옹이 마침내 성각문자 해독에 성공하였다.

로제타석을 발견하고 정확히 100년이 지난 1899년, 이집트에서 멀리 떨어진 중국에서도 학자들 사이에서 미지의 고대문자 발견이 화제로 떠오른다.

로제타석,
대영박물관 소장

갑골문 발견의 진실

유명한 일화

청나라 말기, 국자감國子監 좨주祭酒(국립대학 총장)였던 왕의영王懿榮은
지병인 말라리아를 치료하기 위해 '용골龍骨'이라는 한약을 복용하고
있었다. 용골은 땅속에서 나온 고대 동물의 뼈인데, 잘게 분쇄하고 달
여서 약으로 썼던 것이다. 광서光緒 25년(1899), 무심결에 용골을 쳐다
보던 왕의영은 무언가 새겨진 흔적이 문자임을 직감하였다. 일하는
사람에게 물어 보니, 북경 채시구菜市口의 달인당達仁堂이라는 약방에

서 사온 용골이라고 하였다. 저택 내에 식객으로 기거하던 유악劉鶚(철운鐵雲)이 금석문에 조예가 깊은지라 바로 함께 조사해 보니, 예상대로 여태까지 본 적이 없는 고대의 문자였다. 왕의영은 이 놀랍고 반가운 발견 이후 곧 문자가 새겨진 용골 수집에 전념하였다. 그러나 이듬해 의화단 사건이 발생하여 불행히도 그는 책임을 지고 자살해 버린다.

유악은 용골에 대한 왕의영의 연구를 계승하여, 자신의 수집품을 합친 5,000편 가운데 유용하다고 생각되는 1,058편을 선별하고 탁본을 떠서 광서 29년(1903)에 『철운장귀鐵雲藏龜』 6책册을 간행했다. 갑골문甲骨文 연구서로서 기념할 만한 첫 번째 성과였다. 이로 인해 그때까지 일부 수집가들 사이에서나 이야기될 뿐이던 갑골문의 존재가 안팎으로 널리 알려지게 되었다.

갑골문 발견의 발단에 대해서는 앞서 소개한 일화가 유명하다. 하지만 용골 이야기는 사실 1931년 7월 『화북일보華北日報 · 화북화간華北畵刊』(제89기)에 실린 「귀갑문龜甲文」이라는 제목의 기고문에 처음으로 소개되었다고 한다. 당시 채시구에 달인당이라는 약방은 없었으며 용골은 가루 상태로 팔았으므로 골편骨片에 새겨진 문자를 알아보는 일 따위는 없었으리라는 점 등을 고려해 본다면, 아무래도 지어낸 이야기라는 느낌이 강하다.

당사자 증언

유악 자신은 『철운장귀』 서문에서 갑골을 입수한 경로에 대해 다음과 같이 말하였다.

귀판龜版(갑골)은 기해년(1899)에 출토되었다. 하남성河南省 탕음
현湯陰県 고유리성古牖里城이 출토지다. 그 고장 사람이 지나치게 불거
져 나온 지면을 파 보았더니 골편이 나왔다고 한다. …… 출토 후, 산
동山東의 골동품상이 잘 보관한 뒤 고가에 팔려고 입수하였다. 경자년
(1900) 산동의 골동품상 범 씨가 100여 편을 들고 북경에 왔다. 왕의영
은 이것을 보고 매우 기뻐하며 고가에 사들였다.

이후 산동 유현濰県의 조집재趙執斋도 수집한 수백 편을 왕의영에게
팔았다. 얼마 지나지 않아 의화단 사건이 발발하여 왕의영은 국난으로
순직하고 만다. 임인년(1902) 왕의영의 부채를 청산하기 위해 장자인
왕한보王翰甫가 소장품을 팔았는데, 귀판은 막바지에 대대적으로 팔렸

유악

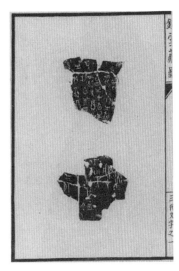

『철운장귀』

다. 모두 1,000여 점이었으며, 나(유악)는 이것을 모두 손에 넣었다. 절강성浙江省 정해定海 사람 방락우方藥雨도 범 씨가 소장했던 300여 편을 손에 넣었지만 이 또한 나중에 내 것이 되었다. 또 조집재는 나를 위해 1년이나 시간을 들여 산동·산서·하남 각지를 동분서주하며 수소문하여 300여 편을 모아다 주었다. 이리하여 나는 모두 합쳐 5,000여 편 넘게 소장할 수 있었다. 기해년(1899)에 한 구덩이에서 출토된 것이 모두 입수되었다고는 할 수 없지만, 아마 나머지는 많지 않을 것이다.

앞서 분명히 언급하였듯, 처음 왕의영에게 갑골을 가지고 온 사람은 약국상이 아니라 범유경范維卿이라는 산동의 골동품상이었다. 아마도 각지를 돌아다니며 농민들이 밭에서 파낸 물건을 매입하던 골동

갑골문 출토 상황

품상이 우연히 문자가 새겨진 갑골을 접했을 테고, 이를 북경으로 운반하여 고가에 매입해 줄 수집가에게 팔아넘긴 것이 갑골문 발견의 진상일 터다. 갑골이 출토된 지역은 『사기史記』「항우본기項羽本紀」에 '은허殷墟'라고 기록된 하남성 안양현安陽縣의 소둔小屯이었지만, 그 사실을 숨기기 위해 하남성 탕음현의 고유리성이라는 허위 정보가 떠돌고 있었던 점도 이 서문을 통해 알 수 있다.

갑 골 문　해 독

갑골문과 대학자의 운명적 만남

『철운장귀』 서문을 보면, 유악은 갑골문이 점술과 관련된 언어〔卜辭〕라는 사실을 분명히 인식하고 있었으며, 왕이나 왕비의 이름을 십간十干으로 표현한 점을 들어 은인殷人이라는 확실한 증거로 보고 있었다. 갑골문은 연구 초기부터 이미 내용과 시대에 대하여 거의 정확한 이해가 이루어져 있었던 것이다. 하지만 유악이 시도했던 해독은 간지干支와 명사 등 소수에 지나지 않았으며, 본격적인 갑골문 해독은 『철운장귀』가 간행된 이듬해(1904)에 저술된 손이양孫詒讓의 『계문거례契文擧例』에 의해 시작되었다. 당시 56세였던 손이양은 고전학 · 금석학 분야의 권위자로 유명한 대학자였다. 그는 『계문거례』 서문에서 갑골문을 본 감동을 다음과 같이 밝히고 있다.

어려서부터 고문자학을 연구한 지 40년, 직접 본 청동기 명문銘文*만 해도 2,000종이 넘는다. 하지만 대부분 주대周代 이후의 것이어서 감정가가 은대로 판정해도 대개 억측에 불과하며 확신할 수 없다. 그런 까닭에 항상 진짜 은대 문자를 육안으로 볼 수 없는 현실이 유감이었다. 최근 이 서물書物(『철운장귀』)을 처음 손에 넣었는데, 말년에 이런 귀한 문자를 정말 보리라고는 생각지도 못했다. 다만 애지중지하는 데 그치지 않고 2개월 동안 전념하여 묵묵히 읽어 가며 중복되는 것을 비교 검토하는 과정을 거치니, 이제 그 문자를 거의 이해할 수 있게 되었다.

어떤 중요한 자료와 뛰어난 연구자와의 만남은 종종 운명적이다. 고전학 분야에서는 『주례정의周禮正義』와 『묵자간고墨子間詁』를, 금문

손이양

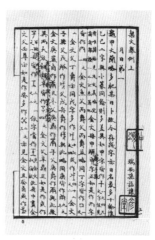

『계문거례』

학 분야에서는은·주의 청동기 명문을 연구하여 『고주습유古籒拾遺』를 저술한 손이양과 갑골문의 만남이야말로 샹폴리옹과 로제타석의 사례만큼이나 운명적 만남의 전형이라 할 만하다.

하지만 이집트 성각문자의 해독과 갑골문 해독과의 사이에는 본질적으로 다른 점이 있다. 샹폴리옹이 이집트 성각문자를 해독하기까지 로제타석 발굴 때부터 따져보더라도 20여 년 세월이 걸린 데 반해, 손이양은 2개월이라는 짧은 시간 안에 갑골문을 해독해낸 것이 바로 그 결정적인 차이다.

한자의 생명력

이집트인이 3세기에 그리스도교로 개종하여 그리스문자를 사용하기 시작하자, 이집트 성각문자는 급속하게 망각의 저편으로 밀려났다. 결국 4세기 초엽에 기록된 각문刻文을 끝으로 3,000년 넘게 지속되었던 이집트 성각문자는 사라지고 만다. 문서를 읽기 위해서는 어떤 말이 어떤 문자로 기록되었는지 알 필요가 있는데, 일단 사멸한 문자를 해독하려면 그것이 표의문자인지 표음문자인지 혹은 양자가 혼재된 문자인지를 파악하는 상당히 어려운 논의에서부터 출발해야 한다. 실제로 이집트 성각문자를 해독하기까지 이 문제를 푸는 데 많은 시간이 걸렸다. 그래서 그리스문자 대역문을 새긴 로제타석을 발견하는 뜻밖의 행운을 만난 불세출의 천재 샹폴리옹조차도 이집트 성각문자

---

* 금석金石이나 기명器皿 따위에 새겨 놓은 글.

를 해독하는 데 20여 년이라는 오랜 시간이 필요했던 것이다.

이에 비해서 갑골문은 현재에 이르기까지 3,000여 년에 걸쳐 끊임없이 그 생명을 유지해 온 문자였다. 아마 왕의영과 유악은 갑골문을 처음 봤을 때 그것이 고어체 한자로서, 한어漢語(중국어)라는 점을 직감적으로 이해했을 것이다. 즉 갑골문에는 이미 한어가 한자로 기록되었다는 전제가 존재하고 있었다. 따라서 아주 단순하게 말하자면 어느 문자가 현재의 어떤 한자에 해당하는지에 대한 논의를 갑골문 해독의 출발점으로 삼기에 좋았을 것이다.

물론 그것이 2개월이라는 단시간에 이루어진 배경에는, 앞서 언급한 손이양의 탁월한 학식 그리고 그 토양이 되어준 실증을 중시하는 청조 고증학 전통이 있었다. 특히 『설문해자說文解字』를 중심으로 한 고대 언어학인 설문학說文學과 금문학金文學의 축적된 학문적 성과가 크게 기여하였음을 놓쳐서는 안 된다. 하지만 문자언어로서의 생성과 소멸이라는 양자의 본질적인 차이에 비하면, 그 의미는 그다지 크지 않다고도 말할 수 있다.

사정이 이러하니 갑골문자 해독 과정에서 이집트 성각문자와 같이 박진감 넘치는 이야기를 기대한다면 엉뚱한 착각일 터다. 하지만 삼천 수백 년 전에 새겨진 갑골문이 오늘날에도 쓰고 있는 한자·한어 체계 속에서 해독되었다는 사실은 그 자체가 이미 충분히 극적이다. 무엇보다 갑골에 새겨진 고대문자들은 전설 저편에 잠들어 있던 고대 은殷 왕조의 실재를 밝혀 주었던 것이다.

은 왕조의 실재를 둘러싼 논쟁

사마천이 저술한 『사기』는 중국 역사를 태곳적 성왕인 황제黃帝 · 전욱顓頊 · 곡嚳 · 요堯 · 순舜의 전설, 즉 「오제본기五帝本紀」에서 시작하여, 하夏 왕조 역사 「하본기」, 은 왕조 역사 「은본기」, 주周 왕조 역사 「주본기」 순서로 서술하고 있다. 중국의 전통적인 해석에서는 문헌에 기록된 이러한 고대 역사를 모두 분명한 사실로 여겨 왔다. 이러한 입장을 '신고信古'라 하는데, 반면 그 신빙성을 의문시하는 입장이 '의고疑古'다.

은의 실재는 의문시되고 있었다

의고의 움직임은 일찍부터 존재하였지만 그것을 가장 명확히 드러낸 대표적인 저작이 광서 23년(1897)에 강유위康有爲(강유웨이)가 저술한 『공자개제고孔子改制考』다. 강유위는 종래 사실로 여겨 온 황제 · 요 · 순 · 우 및 하 · 은 · 주 3대의 역사는 공자가 고대사회를 이상화하여 만들어 낸 허구에 지나지 않는다는 견해를 발표하였다. 이러한 견해는 당시 중국에 매우 충격을 주었고 이후 고사의 신빙성에 대한 비판은 서서히 높아갔다. 훗날에는 고힐강顧頡剛(구제강)을 중심으로 의고학파가 결집되어 중국 학계에 큰 진영을 형성하기에 이른다.

　일본에서도 의고의 움직임은 이미 20세기 초, 메이지明治 40년대부터 전개되었다. 그 대표적인 것이 요 · 순 · 우 말살론으로 불리는 동경제국대학 교수 시라토리 구라키치白鳥庫吉의 고사 비판이다. 시라토리는 삼황·오제와 요·순·우에서 더 나아가, 하와 은 왕조 또한 후대의 음양오행설에 의해 조작된 것이라 주장하며 그 실재를 부정하였다. 이러한 의고의 주장은 당시의 계몽주의 풍조와도 맞물려 일본 학계의 대세를 차지하였다.

그런 상황에서 『철운장귀』에 따른 갑골문의 학술적 가치를 가장 먼저 인식한 인물이 있었다. 「청나라 하남성 탕음현에서 발견된 거북이 등딱지와 소 뼈에 대하여淸国河南省陰陽県発見の亀甲牛骨について」[1]를 비롯해 훌륭한 선구적 업적을 남긴 동경고등사범학교 교수인 하야시 다이스케林泰輔였다.

하야시가 갑골문을 유력한 논거로 삼아 시라토리의 견해를 반박하자, 두 사람 사이에 논쟁이 전개되었다. 그러나 시라토리는 결코 갑골문을 언급하지 않았다. 이미 은 왕조의 실재를 부정했던 시라토리는 은대의 갑골문 따위는 결코 존재할 수 없다고 판단하였기 때문이다. 사실 당시에는 갑골문을 가짜 사료로 간주하는 연구자도 많았으며, 하야시 자신도 다이쇼大正 8년에 '은허 유물 연구에 대하여'라는 강연에서 다음과 같이 술회한 바 있다. "제 친구들 가운데 상당수는 이것을 의심스럽게 여겨 믿을 것이 못 된다는 말을 조금씩 하곤 했습니다. 그러나 저는 아무래도 가짜 사료가 아니라고 믿고 있었습니다."[2]

증명된『사기』의 내용

갑골문에 대한 이러한 의심은, 갑골의 출토지가 하남성 안양현 소둔임을 나진옥羅振玉(뤄전위)이 밝혀내고, 동작빈董作賓(둥쭤빈)을 중심

으로 국립중앙연구원 역사어언연구소에서
1928~1937년 15회에 걸쳐 발굴 조사를 하
여 갑골문 해독에 진전이 있자 완전히 불식
되었다. 그 결과 은허 출토 갑골문은 은대 후
기(기원전 14세기 말경부터 기원전 11세기 전반 무
렵)의 1차 자료로서, 더할 나위 없이 중요한
존재가 되었다.

동작빈

갑골문을 해독하는 과정에서 연구자들이 놀란 점은 『사기』「은본
기」에 사마천이 기록한 은 왕조의 계보가 갑골문에서 복원한 계보와
기본적으로 일치한다는 사실이었다. 사마천은 기원전 1세기 초, 즉
지금으로부터 2,100여 년 전인 전한 무제武帝 때 인물로서 우리가 보
기에는 완전히 고대 사람인데, 은 왕조는 그때보다도 1,000년 넘게 더
거슬러 올라가는 시대였다. 따라서 그 책에 기록된 왕의 계보가 역사
적 사실을 근거로 삼았으리라고는 예상조차 못했던 것이다.

그렇다면 사마천은 어떤 방법으로 은 왕조의 계보를 『사기』에 채록
했을까? 사마천은 「은본기」 말미에 자료의 출처에 대하여, 은의 시조
계契의 사적에 대해서는 『시경詩經』의 「상송商頌」 그리고 성탕成湯 이
후에 대해서는 『상서尚書』와 『시경』에서 취했다고 기록하고 있다. 그
러나 적어도 오늘날 전하는 『상서』와 『시경』에서는 은 왕조 계보와 관
련한 정보를 얻을 수 없으며, 이 부분에 대해서는 별도의 자료를 근거
로 삼았으리라고 추측된다. 이때 가장 주목할 바는 주의 성왕이 은의
미자微子를 봉하여 건국했다고 일컬어지는 송국宋國에 은 왕조 계보가

보존되어 있었을 가능성이다. 송국은 기원전 3세기 초에 멸망하지만 아마 사마천의 시대에도 송국의 후손에 의해 은 왕조의 계보가 전해 졌을 것이다.

이처럼 은 왕조의 계보는 은이 멸망한 이후에도 후손에 의해 끊임 없이 계승되어 『사기』에 채록되었으며, 오늘에 이르기까지 전해 온 것이다. 3,000여 년에 걸쳐 이어 내려오고 있는 한자의 생명력이 그 가장 큰 기반이었다. 갑골문의 발견은 우리 상상을 훨씬 더 초월하는 한자의 위력을 다시 한 번 증명한 사건이었다.

갑골문의 정인과 서계자

자체와 시대

갑골문 연구의 초기에는 갑골문을 원시적 한자로 간주하여 정형화되 지 않은 단계의 문자라고 해석하였다. 예를 들면 갑골문에 보이는 '녹 鹿·마馬·양羊·돈豕·견犬·용龍' 여섯 문자에 대해 그 필획이 일정하지 않고 형체가 다양하다는 점을 예시하면서, 다른 상형象形 혹은 회의會 意 문자와도 같다고 『은상정복문자고殷商貞卜文字考』(1910)에서 나진옥 이 내세운 견해는 그러한 초기의 해석을 대표한다고 해도 무방할 것 이다.

이에 비해, 동작빈의 『갑골문단대연구예甲骨文斷代研究例』(1932)는 갑골문 자체字體(자형字形과 서체書體)가 시기적으로 다르며, 그 다른 점은 각각 갑골문 연대 판정의 표준으로 삼을 수 있을 만큼 현저하다는 것을 명확히 지적하여 갑골학 사상 획기적인 업적으로 인정을 받고 있다.

동작빈은 단대斷代*의 '10개 표준'을 다음과 같이 예시하였다. ①세계世系(은 왕실 계보) ②칭위稱謂(선왕 등의 호칭) ③정인貞人(점을 치는 사람) ④갱위坑位(출토 장소) ⑤방국方國(국명國名·족명族名) ⑥인물人物(등장인물) ⑦사류事類(제사祭祀·정벌征伐 등) ⑧문법文法(어법語法·용어用語 등) ⑨자형字形(문자의 형체形體) ⑩서체書體(문자의 풍격風格). 이 가운데 세계世系와 칭위稱謂 등에 의한 단대는 이미 동작빈 이전에 왕국유가 「은 복사에서 보인 선공선왕고殷卜辭中所見先公先王考」[3)]에서 언급한 내용이었다. 왕국유의 방법은 단대 연구의 근간이라고도 할 만큼 그 의미가 컸지만, 반드시 칭위가 보이는 갑골문은 많지 않으며 게다가 칭위가 보이더라도 가령 '부갑父甲'만 있을 경우에는 무정武丁의 아버지가 상갑^盞甲인지 또는 늠신廩辛 혹은 강정康丁의 아버지가 조갑祖甲인지를 결정할 수가 없기 때문에**, 동작빈 이전에는 극히 한정된 갑골(표준 갑골)의 단대가 만들어진 것에 불과하였다.

---

* 상대연대相對年代에 다른 갑골문의 시기 구분.

** 무정 때에는 그 아버지인 소을小乙을 부을父乙이라 불렀으며, 소을의 형제로서 왕위에 오른 상갑^盞甲·반경盤庚·소신小辛을 부갑父甲·부경父庚·부신父辛이라 칭하였다. 즉 무정 때에는 부父라고 불린 네 명을 제사 지냈기 때문에 이 네 명의 이름이 정인 집단의 갑골문에 나오면 그 정인은 무정 때 사람임을 알 수 있다. 늠신廩辛 혹은 강정康丁의 경우도 마찬가지다.

획기적 발견, 정인

이렇듯 난관에 부딪쳐 방법을 찾을 수 없을 때, 이를 해결할 표준으로서 동작빈이 발견한 것이 바로 ③정인이다. 그는 갑골문에 많이 보이는 구문 "(干支)卜□貞……"의 '□'에 해당하는 문자(예를 들면 아래 갑골문 일부에 보이는 "癸巳卜䚗貞……"의 '䚗')가 점복술(占卜)을 행한 인물, 즉 정인의 이름이라는 점을 밝혀냈다. 그리하여 표준 갑골에 보이는 정인 시대를 확정하고 특히 동일한 갑골에 여러 정인의 이름이 보이는 '동판同版' 관계를 이용해 동일한 시기의 정인 집단을 분류함으로써 갑골문 시기 구분은 연속적으로 확대되었고 일정량의 갑골문 시기 구분이 가능해졌다. 그 결과 특정한 정인 집단은 특정한 왕(1명이라고는 한정하지 않는다) 시대의 갑골문에만 등장하며, 동일한 정인이 여러 시대에 걸쳐 등장하지 않는다는 점이 분명해졌다. 그리고 왕과 정인 집단의 대응에 따라 갑골문을 다섯 시기로 구분하는, 이른바 '오기구분설五期區分說'이 제출되기에 이른다.

단 정인의 이름이 모든 갑골문에서 발견되지는 않으므로, 정인의 이름이 나타나지 않는 갑골문의 시기를 확정하는 다음 단계 표준이 필요하였다. 그리하여 5기 구분에 의거해 서로의 관련성 속에서 2차로 도출해낸

갑골문에 새겨진 정인의 이름. 오른쪽 도판의 부분

소 견갑골에 새겨진 갑골문, 중국역사박물관 소장

거북이 등딱지에 새겨진 갑골문. 대만 중앙연구원 역사어언연구소 소장

것이 ④갱위 이하의 7개 표준이었다. 이들 표준에 따라 정인의 이름
이 보이지 않는 갑골문도 단대가 가능해졌으며, 특히 ⑨자형과 ⑩서
체는 단편적인 갑골문에도 적용이 가능하였으므로, 동작빈의 연구로
모든 갑골문을 설명할 수 있게 된 것이다.

　제1기 무정武丁 시대에는 '㫱'·'♀'·'㑒' 등 70명 가까운 정인이 있으며[4],
다음 제2기 조경祖庚·조갑祖甲 시대에는 제1기의 정인을 대신하여 '㝛'
'㤼'·'㑒' 등 20여 명 정인이 등장한다. 이처럼 왕과 특정 정인 집단이 짝
지어 교체되는 현상이 5기에 걸쳐 반복되는 셈인데, 이러한 현상은 말
할 것도 없이 제사·정치의 변화를 의미한다. 그리고 이에 대응하여
자형·서체도 확연히 변화한다(바꿔 말하면, 자형·서체가 단대의 표준이 될
수 있다)는 사실에서 알 수 있듯이, 동작빈이 정인과 자체를 서로 연결
지어 정인이 갑골에 문자를 새긴 서계자書契者라는 결론을 도출한 것
은 당연한 결과로 보인다.

갑골문 연구의 새로운 전개

이에 대해 진몽가陳夢家(천몽자)는 『은허복사종술殷墟卜辭綜述』(1956)에
서 "대부분 동판의 복사卜辭** 에서 동일한 정인 복사의 자형과 서체가
같지 않은 것은 반드시 정인이 글자를 새긴 사람은 아니라는 점을 분
명히 증명하고 있다" 하고 의문을 제기하였다. 다만 진몽가가 정인과

---

* 제1기: 무정武丁, 제2기: 조경祖庚·조갑祖甲, 제3기: 늠신稟辛·강정康丁 , 제4
　기: 무을武乙·문정文丁, 제5기: 제을帝乙·제신帝辛을 가리킨다.

** 은허 문자를 달리 이르는 말. 갑골 문자를 점복에 주로 쓰던 데서 유래한다.

서계자의 관계를 어떤 식으로 파악하고 있었는지는 밝혀지지 않았으며, 이 점에 대해서는 완전히 파악할 수 없는 부분이 남아 있다. 시라카와 시즈카白川静도 『은 갑골문집殷甲骨文集』[5]에서 진몽가와 거의 같은 입장을 보이는데, 정인과 서계자의 관계에 대하여 "정인에게는 공판共版 관계인 동일한 여러 집단이 있으며, 계각자契刻者는 그 집단에 소속하였다고 생각된다"고 서술하여 서계자가 정인 집단 내부에 속했으리라고 추측하고 있다.

이처럼 어디까지나 정인 집단 내부에 서계자가 있었다고 보는 견해에 반해, 마쓰마루 미치오松丸道雄는 『갑골문자甲骨文字』[6]에서 정인 집단과는 별개로 계각契刻만을 담당하는 서계자 집단이 존재했다고 간주하였다. 이 견해는 "동일한 정인의 이름이 보이는 갑골문이면서 자체가 다르다" "다른 정인의 이름이 보이는 갑골문이면서 자체가 같다"라는 동작빈의 설명이 내포한 모순을 논리적으로 풀어낸 해석으로, 서체 분석에 기초하여 서계자의 수가 정인의 수보다 상당히 소수였다고 보고 있다. 이후 마쓰마루는 총 수백 명이 넘는 정인 수에 비해 서체의 수는 왕조 복사의 범위에서 10~15종류 안팎이며, "이 숫자는 곧 은대 이백 수십 년간 왕조 복사의 서계자 숫자와 같을 것"이라고 시사한다. 또 "서계자는 원칙적으로는 '한 때〔一時〕에 한 사람〔一人〕'이 아니었을까?" 하고 덧붙인다. [7]

마쓰마루의 견해는 갑골문 자체에 대한 지금까지의 인식에 큰 의문을 던진 것으로, 서도사 연구에서는 갑골문 '서書'의 자리매김에 직결되는 상당히 중요한 문제다. 정인과의 관계에서 단대의 표준으로서 주목받게 된 갑골문의 자체는 오늘날 정인의 손을 벗어나, 서계자라는 관점에서 새로운 연구 단계에 발을 내딛기 시작한 것이다.

은·주 혁명의
증인

서주 금문과 이궤

기원전
1500

은

이궤

1000

서주

춘추

500

전국
진
전한
신
후한

사마천 시기

0

삼국
서진
동진

남북조 500
수

당

오대십국
북송 1000

남송

원

명 1500

청

궈모뤄

중화민국
2000
중화인민
공화국

역사상 최초의 혁명이었던 은·주 혁명. 그 천하를 가른 결전이 바로 주 무왕이 은 주왕을 멸한 '목야 전투'다. 1976년 섬서성 임동현에서 청동기 하나가 출토되었는 데, 그 청동기 바닥에는 목야 전투에 참전한 무왕 신하의 명문이 남아 있었다.

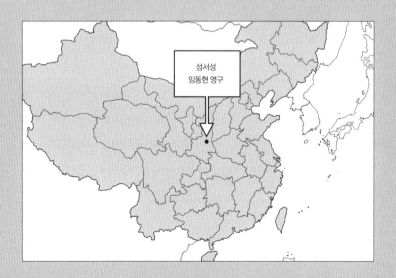

섬서성
임동현 영구

은 왕조의 멸망

오늘날 '혁명'이라는 말은 '프랑스혁명'과 '산업혁명'처럼 국가나 사회 조직 혹은 기존 제도나 가치 등의 급격한 변화를 의미하는 경우가 많다. 그러나 본래는 천명天命의 변화라는 의미로서, 즉 '명령(命)'을 바꾸는 주체는 '하늘(天)'이었다. 하늘이 명령을 바꾼 역사상 최초의 혁명은 주나라 무왕武王이 은나라 주왕紂王을 토벌하여 은 왕조를 멸망시킨 은·주 혁명이다. 그것을 결정지은 사건이 바로 목야牧野 전투였다.

목야 전투

주나라 문왕文王의 위패를 받든 무왕은 전차 300량, 용사 3,000명, 무장한 병사 45,000명을 이끌고 도읍지인 풍읍豊邑을 출발하여, 무왕 즉위 11년 12월 무오일에 황하의 맹진盟津을 건너 제후 군사와 합류하였다. 이듬해 12년 2월 갑자일 이른 아침에 무왕의 군사와 제후의 전차 4,000량은 조가朝歌(은의 수도)의 남쪽 교외에 있는 목야에 포진하였다. 이 소식을 들은 은나라 주왕은 70만 대군을 이끌고 나와 대항하였지만, 폭정으로 인해 이미 민심이 떠난 은의 군대는 완전히 싸울 의욕이 꺾인 상태였으며 속으로는 무왕의 승리를 염원하여 무기를 거꾸로 쥐고 싸웠다. 또한 은의 군대는 주나라 군대를 위하여 길을 열어주는 형국으로 전멸하였고, 도읍지로 도망쳐 온 주왕은 녹대鹿台라는 높은 망루에 올라가서 주옥珠玉을 휘감고 스스로 불 속으로 뛰어들었다.

　이것이 『사기』 「주본기」에 기록된 '목야 전투'의 전말이다. 『사기』

주 문왕 · 무왕 · 주공의 모습

「주본기」는 서주 역사를 잘 정리한 거의 유일한 문헌 자료인데 사마천
은 사료로서 『상서』를 많이 참고하여, 목야 전투 부분에 대해서도 『상
서』「목서牧誓」 편을 거의 그대로 인용하고 있다. 「목서」 편은 목야 전
투에서의 무왕의 서명誓命을 기록한 것으로, 다음 인용 문장은 그 첫
부분에 해당한다.

　　武王, 戎車三百兩, 虎賁三百人, 與受戰于牧野, 作牧誓. 時甲子昧
爽, 王朝至于商郊牧野, 乃誓.
　　王左杖黃鉞, 右秉白旄以麾, 曰,「逖矣, 西土之人」 王曰,「嗟, 我友
邦冢君, 御事, 司徒, 司馬, 司空, 亞旅, 師氏, 千夫長, 百夫長, 及庸,
蜀, 羌, 髳, 微, 盧, 彭, 濮人. 稱爾戈, 比爾干, 立爾矛, 予其誓」

　　무왕은 전차 300량, 군사 300명으로 주紂와 목야에서 싸울 때 목서
를 만들었다. 때는 갑자일 새벽, 왕은 상나라 교외 목야에 아침 일찍 이
르러 맹서하였다.

왕이 왼쪽에는 황금의 도끼를 짚고 오른쪽에는 흰색 쇠꼬리 깃발을 들고 지휘하면서 말하기를 "멀리 왔도다. 서쪽 땅의 사람들이여." 왕은 이어 말하였다. "아 우리 우방의 총군, 어사, 사도, 사마, 사공, 아, 려, 사씨, 천부의 장, 백부의 장 및 용, 촉, 강, 모, 노, 팽, 북의 사람들아. 그대들의 창을 들고 그대들의 방패를 나란히 하여 그대들의 긴 창을 세우라. 나는 맹서한다."

이상과 같이 「목서」 편에는 결전 당일의 모습이 상세하게 기록되어 있다. 그러나 "때는 갑자일 새벽"이라는 날짜 표시법이나 "어사·사도·사마·사공"이라는 관직명 등 후대에 쓰인 용어가 눈에 띄는 것을 보면, 은이 멸망하고 나서 600년은 넘게 경과한 전국 시대에 이르러서야 완성된 문장으로 보인다. 따라서 『상서』 「목서」 편과 그에 근거한 『사기』 「주본기」에 기술된 목야 전투 내용이 얼마나 역사적 사실을 담아냈는지 의문시되어, 무왕이 은을 토벌한 사건의 실상은 은·주 혁명 자체의 역사적 신빙성과 더불어 해결되지 않은 문제로 남아 있었다.

서주 청동기 이궤의 발견

1976년 3월 상순, 섬서성陝西省 임동현臨潼県의 영구공사서단대대零口公社西段大隊가 경작하던 중 동기銅器 여러 점을 발견하였다. 보고를 받은 임동현의 문화관 관원이 현장에 도착해서 보니 출토 지점이 2만여 제곱미터에 걸친 주나라 유적의 한 구획이었다. 이미 출토된 뒤여서 발굴 당시 상황은 분명치 않았지만, 절벽 위에는 동기가 매장되어 있던 깊이 2미터, 너비 70센티미터 크기의 움막이 있었다. 출토된 동기는 60여 점이었는데, 그 가운데 네모반듯한 대좌台座 위에 녹청綠靑으로 뒤덮인 궤簋로 불리는 제기 하나가 있었다.

이궤와 「목서」편의 부합

그릇 안쪽 바닥에는 4행 32자의 명문이 주조되어 있었다. 이후 명문에 보이는 그릇을 제작한 사람의 이름을 따서, 이 동기는 이궤利簋로 불리었다. 명문이 해독되자 이궤라는 이름은 단번에 연구자들 사이에서 유명해진다. 무왕이 은을 토벌한 사실이 기록되어 있었던 것이다.

이궤, 북경 중국역사박물관 소장

武征商, 惟甲子, 朝歲鼎, 克聞夙又商. 辛未, 王在𤉈師, 賜有事利金. 用作𤉈公寶障彝.

인용한 내용이 이궤 명문의 전문이다. 견해가 일치하지 않는 부분도 적진 않지만, 여러 연구자들 의견을 참조하여 현대어로 번역을 해보면 다음과 같다.

무왕은 상을 정벌하였다. 때는 갑자일, 새벽녘에 세歲와 정鼎의 제사 의식을 거행하였다(승리를 기원하였)다. 하늘의 뜻을 잘 살펴 은의 군대를 공포 속으로 몰아넣은 것이다. 신미일에 무왕은 관𤉈 군 주둔지에 있었다. 왕은 유사의 (관직에 있는) 리利에게 포상으로 동銅을 하사했다. 그런 이유로 리는 단𤉈* 공의 귀중한 제사祭祀용 청동기를 만들었다.

명문을 보면 이궤는 은나라 토벌 이후 무왕이 공로를 세운 리에게 부상으로 동을 하사하자, 리가 제작한 제기라는 것을 알 수 있다.

연구자들은 특히 첫 부분 "무왕은 상을 정벌하였다"에 이어 등장하는 문장 "때는 갑자일, 새벽녘에 세와 정의 제사 의식을 거행하였다"에 주목하였다. 앞에서 소개했듯이 『상서』 「목서」 편에도 목야 전투가 벌어진 날이 '갑자매상甲子昧爽' 즉 갑자일 미명未明으로 기록되어 있었던 것이다. 『일주서逸周書』 「세부해世俘解」도 마찬가지다.

---

* 『상주금문商周金文』(왕휘王輝, 문물출판사, 2006) 34쪽에 의거하여 '단'이라 읽는다.

이궤의 명문

王乃步自于周征伐商王紂, 越若來二月既死魄, 越五日甲子, 朝至接
于商, 則咸劉商王紂.

그리하여 왕은 상왕 주를 정벌하려 주나라에서 출발하였다. 2월 사
백(음력 초하룻날) 5일 갑자일 새벽 상나라와 마주쳐 상왕 주를 죽였다.

은의 토벌이 역시 '갑자일 아침'으로 기록되어 있다. 이궤의 명문은
이렇듯 『상서』「목서」와 『일주서』「세부해」의 기술이 역사상 사실이었
음을 증명한 것이다.

또한 명문 뒷부분에는 갑자일부터 8일 후에 해당하는 신미일에 무
왕이 관에서 리에게 상을 하사한 사실이 기록되어 있었다. 시라카와
시즈카는 이를 다음과 같이 추정하였다. 제사 직분을 맡은 리가 전쟁
을 시작하기 전 이른 아침의 제의에서 하늘의 뜻을 잘 헤아린 공적으
로 상을 받았으며, 관은 은대 금문에도 보이듯 은의 수도에서 가까운
궁묘宮廟의 소재지였다는 것이다. [1] 이 견해에 따르면 무왕은 목야 전
투가 있고 8일 뒤 은의 성스러운 장소에서 공신에게 상을 내렸으며,
이러한 상황은 목야 전투가 은이 직접 다스리던 땅을 무왕이 장악하
는 전면적 승리로 끝났음을 말해 주는 것이 아닐까?

중국 역사상 최대의 변혁

은나라의 신앙 기반은 조상 숭배였으며, 그 최상위에 '제帝'가 있었다.
따라서 '제'는 인격신의 성격을 띠었으며 은왕은 그 적통嫡統이었다.
이와 반대로 주나라는 조상 숭배를 신앙의 기반으로 하지 않아, 혈연

관계가 없으며 인격신의 성격을 띠지 않는 '천天'에 제사 지냈다. '천'은 지상의 통치자를 임명하는 절대적 존재로서 새롭게 그 명령을 받은 자가 이전까지의 지배자를 대신하여 천하를 통치한다고 여겼다. 이러한 천 사상은 은인에게는 없는 주인 고유의 것이었다. 따라서 만약 주인이 천 사상을 갖지 않고 은인과 동일한 제를 믿었더라면, 주왕의 정벌이 은·주 혁명으로 이어지지는 않았을 터다.

이후 천 사상은 서주西周의 정치 기반을 확립했다고 일컬어지는 주공周公을 이상으로 삼은 공자에 의해, 유가儒家 사상 일부로 자리매김한다. 유가가 이상으로 본 요에서 순 그리고 순에서 우로의 선양禪讓은 이른바 천명을 받은 자가 천명을 받는 자에게 평화적으로 정권을 넘겨주는 제도였다. 일개 관리에 지나지 않았던 공자가 천명에 따른 천하 통치를 꿈꿀 수 있었던 것도, 천 사상을 근간으로 삼고 있었기 때문이다.

주인의 천 사상은 유가 사상의 근본으로서 이후 오랜 동안 지속적으로 중국을 지배하였다. 그런 의미에서도 은·주 혁명은 중국 역사상 최대의 변혁이었다고 할 수 있다.

서주 금문의 서체와 계보

금문 서체의 다양성

서주 시대 청동기는 대부분 왕의 사여賜與[*]에 응하여 신하나 제후가 만든 것들이어서 다분히 정치색이 농후하다. 따라서 금문 서체가 각 왕의 시대에 따라 현저한 특색을 보일 만도 한데 실제로는 다양성이 혼재하며, 서체가 연대 판정의 유력한 단서가 되는 갑골문의 경우와

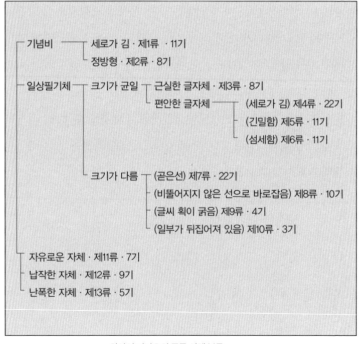

```
기념비 ─────┬─ 세로가 김 · 제1류  · 11기
            └─ 정방형 · 제2류 · 8기
일상필기체 ─┬─ 크기가 균일 ─┬─ 근실한 글자체 · 제3류 · 8기
            │               └─ 편안한 글자체 ──┬─ (세로가 김) 제4류 · 22기
            │                                  ├─ (긴밀함) 제5류 · 11기
            │                                  └─ (섬세함) 제6류 · 11기
            └─ 크기가 다름 ─┬─ (곧은선) 제7류 · 22기
                            ├─ (비뚤어지지 않은 선으로 바로잡음) 제8류 · 10기
                            ├─ (글씨 획이 굵음) 제9류 · 4기
                            └─ (일부가 뒤집어져 있음) 제10류 · 3기
자유로운 자체 · 제11류 · 7기
납작한 자체 · 제12류 · 9기
난폭한 자체 · 제13류 · 5기
```

하야시 미나오의 금문 서체 분류

는 크게 다르다.

하지만 시대에 따른 변천이 어느 정도 발견되는 것도 사실이다. 명문에 보이는 인명·지명·사건 등과 사서 기록과의 일치 여부, 달력기사(曆日記事)**에 기초한 역법에 따른 시기 추산, 청동기의 형태와 문양 또는 명문의 서식과 상용 어구를 기준 삼아 설정된 단대(斷代)와 편년(編年) 등에 의거해 서체의 다양성을 찾아내어 시대 변천의 기준으로 삼으려는 시도 역시 계속되어 왔다.

이 과정 속에서 청동기 형식 변천에 따른 편년에 기초해, 은 이래 서주와 춘추 전기 시대 전반에 걸친 금문 서체를 분류하여 주목을 받은 학자가 하야시 미나오(林巳奈夫)다. 그는 『은·주시대 청동기연구 — 은·주청동기종람 1』2)을 써서 각 시기마다 얼마나 다른 서체가 발견되는지 기본적인 자료를 제시하여 이후 연구에 실마리를 제공하였고, 그 분류는 금문 서체의 다양성을 파악하는 데 중요한 지표가 되었다. 앞 도표는 하야시가 분류한 항목과 각 항목별 표본 수를 정리한 것이다.

한눈에 보아도 금문 서체가 얼마나 다양한지를 알 수가 있다. 하지만 달리 말하면 일정한 객관적 분류 기준을 발견하기 어려운 금문 서체 분석의 문제점을 단적으로 보여주고 있기도 하다. 이 분류에 대해 하야시는 다음과 같이 말하였다.

---

* 국가 혹은 관청에서 금품을 내려주는 일.

** 천체를 관측하여 해와 달의 운행이나 월식·일식·절기 따위를 적어 놓은 책력에 따라 정한 하루하루의 일상 관련 기사.

여기 표시한 각 분류 가운데, 제1류는 왕실에 속한 최상급 숙련자에 의해 계승되어 온 서체라고 볼 수 있다. 다른 분류 또한 더 섬세하게 검토하여 어떤 관리나 귀족 사관史官에 속하는지 여부를 결정할 수 있을 터인데, 이것이 향후 연구 과제다.

이 견해는 서체의 출처를 분명히 하고 분류 상호간 관련을 탐구함으로써 중요한 시사점을 던져준다. 특히 제1류가 왕실 직속 최상급 숙련자에 의해 계승되었다는 지적은 가장 정통인 금문 서체를 인정하는 하나의 근거가 된다.

하야시의 지적과 관련하여 마쓰마루 미치오가 「금문의 서체金文の書體」[3]에서 제기한 '서주 궁정체西周宮廷體' 개념도 주목할 만하다.

호궤, 부풍현박물관 소장   호종, 대만 고궁박물원 소장

왕의 자작기 출현

1978년 5월 5일 섬서성 부풍현扶風縣 법문공사제촌法門公社齊村에서 연못을 보수하고 있었는데, 지하 3미터 석회 갱도에서 거대한 궤가 출토되었다. 전체 높이 59센티미터, 지름 43센티미터, 최대 둘레 136센티미터, 양쪽 귀 사이 최대 거리가 75센티미터였다. 출토 당시 일부가 파손돼 있었는데, 복원 이후 계측한 결과 중량은 60킬로그램에 달하며 서주의 궤 중에서도 최대급이었다. 그릇〔簋〕 안쪽의 바닥에 12행 124자 명문이 있고, 그릇을 만든 사람 이름이 '호'인 까닭에 '호궤'로 이름 붙였다.

이후 연구를 통해 '호胡'는 서주 제10대 려왕厲王의 이름에 해당하고, 호궤는 려왕 호가 본인의 비호를 하늘에 기원하기 위하여 만들었음이 밝혀졌다. 그 결과 지금까지 알려진 서주 청동기 모두 왕의 사여로 제후나 신하가 만든 점과는 달리, 이 '호궤'는 왕이 몸소 만든 현재 확인할 수 있는 유일한 예라는 중대한 사실이 부상하였다.

이러한 왕의 자작기自作器로서의 성격은 '호궤'의 주조 기술이나 명문의 문체를 통해서도 증명되며, 명문의 서체도 서주 왕실 직속의 서사書寫*에 전문적으로 종사한 사람이 만들었을 가능성이 매우 높다는 점이 분명해졌다.

---

* 글씨를 베껴 쓰는 일.

서주 궁정체의 계보

마쓰마루는 이러한 검토를 토대로 부궤 및 동일한 성격으로 간주되는 부종鍾(종주종宗周鍾)의 명문 서체를 주 왕실 직속의 전문 서사 종사자가 만드는 '서주 후기 궁정체'라 이름 지었다. 또한 이후 구체적 예를 들어 '서주 전기 궁정체' 및 '서주 중기 궁정체'의 계보를 제시하였다. 이 견해는 서주 청동기 및 그 명문을 제작한 배경이 주 왕실의 공방인

지 아니면 제후의 공방인지 그 상황 차이에 준한 마쓰마루의 분류[4]를 전제로 한다. 앞에서 언급한 하야시의 분류에서도 호궤와 호종(종주종)은 '제1류–기념비적, 종장'에 속하며 "최상위 계층 작가가 쓴 왕조의 체體로 인정할 수 있다"고 설명하였으니, 이 두 그릇의 명문 서체를 서주 금문의 전형으로 간주하는 데는 이론이 없을 듯하다.

마쓰마루가 제시하는 서주 궁정체의 계보를 열거하면 다음과 같다.

호종의 명문

○ 서주 전기 궁정체

강왕기康王期   영궤◌簋 (주공궤周公簋, 형후궤邢侯簋)

대우정大盂鼎

소왕기昭王期   영방이令方彝

영궤令簋

사상유土上卣 (신진유臣辰卣)

호궤의 명문

○ 서주 중기 궁정체

    공왕기恭王期   장반牆盤

                 요정曶鼎

○ 서주 후기 궁정체

    여왕기厲王期   호궤簋

                 호종鍾 (종주종宗周鍾)

                 대극정大克鼎

                 소극정小克鼎

                 사송궤史頌簋 (및 공관계자기頌關係諸器)

    선왕기宣王期   모공궤毛公鼎

왼쪽, 대우정, 중국역사박물관 소장
오른쪽, 장반, 주원周原박물관 소장

서주 전기 궁정체(대우정명)   서주 중기 궁정체(장반명)

이들의 특색과 시대적 차이에 대해서는 이미 마쓰마루가 간결하게 정리하였지만, 다시 한 번 이 계보에 자리매김한 금문을 살펴보면 서주 궁정체의 공통점은 긴밀한 대칭성이라고 할 수 있다. 대칭성은 전서篆書* 양식의 특징으로서, 서주 궁정체라는 새로운 기준에 따른 분석을 통하여 이 점이 확인된 것은 그 의미가 크다.

마쓰마루도 말하였듯 서주 궁정체의 구체적 계보에 대해서는 더욱더 상세한 검토가 필요할 텐데, 일정한 기준 설정을 위해서는 앞선 연구와 모순이 없는지 검토를 거쳐야 보다 객관성 높은 서체론을 전개할 수 있을 것이다. 그러기 위해서라도 호궤와 동일한 성격을 지니는 왕의 자작기가 새로이 발견되기를 기대한다.

---

* 한자 서체의 하나로, 대전大篆과 소전小篆의 두 가지로 나뉜다.

고고학의 현장 }

『상서』「대고」와
서주 갑골

청조 말기의 금석학자 오대징吳大澂(1835~1902)이 저술한『자설字說』
1권은「제자설帝字說」「출반자설出反字說」처럼 한 글자 또는 연관된 두
글자를 금문의 자형을 중심으로 검토한 저작물이다. 모두 32조로 되
어 있고 각 조는 대략 2항 전후로서, 전체 80항인 소책자다.

이 작은 책이 문자학에서 지니는 의의는 대단히 크다. 시라카와 시
즈카도 다음과 같이 말한 바 있다. "근대 문자학의 단서는 명확하게
오대징에서 출발하며, 나의 문자학도 젊을 때 그의『자설』을 접하고
나서 시작되었다."[1]

이『자설』32조 가운데 특히 중요한 것 하나가「문자설文字說」이다.
사서오경의 하나인『서경書經』으로 알려진『상서』「대고大誥」편 열두
번째 열의 '영寧' 자가 모두 '문文' 자를 잘못 베낀 것임을 지적하고「대
고」원본의 '文'이 금문 등에서 보이는 중앙에 '心' 자를 더한 '㝻'과 같은
고체자古体字인 탓에 '寧' 자로 잘못 표기하였음을 명확히 밝혀내었다.

『상서』「대고」는 후대에 첨가된 머리말에 의하면 은나라를 멸한 주
나라 무왕 사후, 은의 후손을 왕으로 섬기자며 일어난 반란을 주공이
성왕을 도와 토벌할 때 만든 고사告辭*라고 한다.

「문자설」에서 오대징은 '영왕寧王'이라는 정체불명의 왕이 '문왕文王'이라고 확정하고 「대고」의 작자가 문왕 다음의 왕인 무왕이라는 새로운 견해를 제시하였다. 그러나 「대고」에 나오는 "영무寧武의 도공圖功"이 "문무文武의 도공"의 오역임이 밝혀졌고 그것은 "문왕·무왕의 공업功業" 즉 은 토벌의 의지로 이해되므로, 「대고」는 무왕 다음의 왕인 성왕成王 때의 것으로 보는 편이 타당하다.

'영'이 모두 '문'의 오역이라는 오대징의 지적은 오늘날 정설이다. 「문자설」의 가치는 무왕설의 오류에도 전혀 손상되지 않았다. 오대징은 「문자설」 말미에 다음과 같이 썼다. "고대의 청동기를 보지 않고는 진정한 고문자를 이해할 수 없듯이, 청동기를 보지 않았다면 도저히

「자설」「문자설」

'영'이 '문'의 오역임을 알지 못했을 것이다.”

중앙에 '심心'을 더한 '문' 자는 춘추 시대 이후의 자료에는 보이지 않는다. '영'이 일견 형체가 전혀 다른 '문'의 오역이라는 착상은 주대의 금문에 익숙한 오대징이었기에 비로소 가능했다고 볼 수 있다. 그리고 그 잘못 베낀 일을 밝혀낸 덕분에 「대고」의 기원이 상당히 오래되었음이 오히려 증명되었다.

이와 관련해서 「대고」 중에 거북이 등딱지로 점을 보는 기사記事가 주목을 받는데, 관련 부분의 현대어 번역은 다음과 같다.

> 문왕이 우리에게 남긴 큰 보물인 거북을 사용해서 하늘의 명령을 인도하기 위해 거북에게 명하였다. “서토西土(주周의 본국)에 큰 어려운 일이 있어 그곳 사람들도 평안할 수 없다. …… 나는 (반란 토벌이라는) 큰일을 도모하려는데 이것이 길한 일일까.” 나의 점은 늘 길했다.

이는 문왕이 거북이 등딱지로 반란 토벌의 길흉을 점친 기사다. 문왕은 하늘의 명령을 받은 최초의 주 왕이며 주 왕조의 창업자로서 무왕과 함께 언급된다. 문왕의 거북이 등딱지는 신성성과 정치성 양면에서 그 의미가 대단히 중요하다. 이전까지 갑골 문자는 안양시 소둔현 은허를 중심으로 한 은 왕조의 것으로 한정되어 있었다. 그러나 1977년에 섬서성 기산현岐山縣 봉추촌鳳雛村에서 발굴된 서주 궁궐 유

---

* 의식 때에 윗사람이 글로 써서 읽어 축하하거나 훈시하는 말.

적의 지하 창고에서, 문자가 새겨진 290여 편을 포함한 1만 7,000여 편의 갑골이 출토되었다. 게다가 1979년에는 부풍현 제가촌齐家村에서도 문자가 새겨진 6편을 포함한 22편의 갑골이 출토되었다. 이들 갑골은 주나라 사람이 원래 거주했던 주원周原 지역에서 출토되어 주원 갑골이라고 부르고 그 연대는 은대 말기부터 서주 초기의 것으로 추정된다.

이처럼 오늘날에는 주원 갑골의 발견으로 주 왕조에서도 갑골이 존재했다는 사실이 명확해졌다. 이러한 맥락에서 「대고」는 성왕 때에도 갑골이 존재했음을 나타내는 신빙성 높은 자료로서 주목된다.

이처럼 거북이 등딱지로 점을 치는 것이 문자를 새기는 일과 함께

주원 갑골

였다고 확실히 말할 수는 없지만, 「대고」의 기록이 사실이라면 앞으로 주원 이외의 종주宗周 지역에서도 훨씬 더 많은 서주 갑골이 출토되기를 기대해봄 직하다.

공자가 예언한
'집안 소동'의 전말

후마 맹서

기원전
1500

은

1000

서주

춘추

500

전국
진
전한
신
후한

0

후마맹서

삼국
서진
동진

남북조
수
당

500

오대십국
북송

1000

남송

원

명

1500

청

중화민국

중화인민
공화국

2000

공자

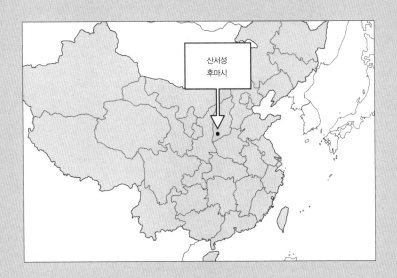

1965년 산서성 후마시의 동쪽 근교에서 2,500년 전 공자가 살던 시대의 맹약서가 발견되었다. 「후마맹서」라고 불리는 이 자료는 잘 정리 정돈된 가장 오래된 필기 문자로서, 하극상이 빈발하던 춘추 후기 격동의 시대 증언자이기도 하다.

산서성
후마시

공자의 예언

공자가 살았던 춘추 시대 후기의 노나라에서는 본래 국정을 담당해야 할 제후 소공昭公(기원전 541~510)은 유명무실한 존재였고, 신하이자 마을 수령 격인 계손씨·숙손씨·맹손씨 세 씨족이 실권을 잡고 있었다. 이들은 노나라 환공桓公의 혈연이어서 삼환씨라 불렸고 공자는 당초 삼환씨 중 가장 세력이 컸던 계손씨 혈통으로서 농민에게 조세를 징수하는 관리직을 담당하고 있었다고 전해진다.

양호라는 사나이

기원전 517년, 소공이 이 삼환씨족을 타도하여 정권을 탈취하고자 했으나 실패하여 제나라에 망명하는 사건이 일어났다. 그런데 기원전 505년에 계손씨의 가장인 계평자季平子가 죽자 이번에는 그 상속 분쟁

공자와 노자

에 편승해서 가신 중 한 명이던 양호陽虎가 계손씨를 점령하고 숙손씨
와 맹손씨를 억눌러 노나라 국정을 장악하는 사건이 일어났다. 게다
가 양호는 삼환씨의 가장을 죽이고 제 권력을 확고히 다지고자 하였
으나 계획이 사전에 누설되어 오히려 맹손씨로부터 공격을 받고 제나
라로 망명했다. 양호는 제나라에서도 위험인물로 취급되어 체포되었
지만 은밀히 송宋으로 탈주하여 최종적으로 진晉의 조씨에게 정착하
였다.

이 양호는 『논어』에 등장하는 양화陽貨와 동일 인물이다. 『논어』
「양화」편에는 자신 밑에서 일할 것을 제의하는 양화의 유혹을 공자가
교묘하게 피하는 이야기가 나온다. 또한 『춘추좌씨전春秋左氏伝』에는
정공定公 9년에 양호가 진의 조씨에게로 도피했다는 얘기를 들은 공자
가 "조씨 일가는 반드시 대대로 소동이 끊이지 않을 것이다"라고 말했
다고 기술되어 있다.

후마맹서의 발굴 상황

후마맹서 출토

1965년 12월, 진의 도성인 신전新田이 있었다고 추정되는 산서성山西省 후마시侯馬市의 동쪽 교외에서 5,000점 이상(파편도 포함)의 석편과 옥편이 출토되었다. 이들 대부분은 위쪽이 뾰족한 규圭*라고 불리는 형태였고, 일부는 원 모양과 반원 모양이었다. 또한 대부분 양면에 주朱라는 문자가 쓰여 있고 먹으로 쓰인 것도 소수 포함되어 있었다. 후마맹서侯馬盟書라고 이름 붙여진 이 자료는 후속 연구에 의해 춘추 시대 후기 진나라 조씨의 내분과 관련한 맹약서로 밝혀졌다. "조씨는 반드시 대대로 소동이 끊이지 않을 것이다"라던 공자의 예언을 구체적으로 증명한 2,400년 전 동시대의 자료가 발견된 것이다.

회맹의 시대

서주 시대에서 춘추 시대로 들어서면서 주 왕의 권위는 땅에 떨어졌고, 주 왕 대신에 천하를 호령하는 실질적인 지배자(패자覇者)의 지위를 둘러싸고 각국의 제후가 다양한 공방을 반복했다. 사마천의 『사기』「십이제후연표」에서는 이 시기 주요 국가로서 노·제·진晉·진秦·초·송宋·위衛·진陳·채蔡·조曹·정鄭·연燕 12개국과 후반에 오나라를 포함한 13개국을 들고 있다.

---

* 옥으로 만든 홀笏로 위 끝은 뾰족하고 아래는 네모졌다. 옛날 중국에서 천자가 제후를 봉하거나 신을 모실 때에 썼다.

후마맹서

회맹과 맹서

이들 나라를 다스리는 제후는 주 왕이 임명하고 영토와 백성도 주 왕이 수여하였으므로, 그 권위가 약해졌어도 명목상 통치자는 여전히 주 왕이었다. 따라서 제후들은 겉으로는 주 왕을 보좌한다는 대의명분 아래 자국 세력의 확장을 꾀할 필요가 있었고, 외교 전략상 동맹 체결이 활발히 이루어졌다. 동맹을 맺기 위해 제후들이 한 곳에 모여 회의하는 것을 '회맹會盟'이라 일컬었으며 이때 동맹의 서약서가 '맹서'다. 춘추 시대에는 회맹이 활발하였고, 춘추 시대라는 명칭의 근원이 된 노나라의 연대기 『춘추』에는 회맹과 관련된 기사가 빈번하게 보인다. 그중에서도 제나라 환공(제나라 15대 임금)을 맹주로 하는 '규구葵丘의 회'(기원전 651)와 진나라 문공文公을 맹주로 하는 '천토踐土의 회'(기원전 632) 등이 유명한데, 각국 제후가 한자리에 모여 회의하는 이들 회맹은 그 맹주가 패자인 것을 만천하에 선포하는 알림의 자리이기도 했다.

회맹의 변용

춘추 시대 중기에서 후기로 들어서자 제후를 대신해 하위 계급인 경卿*이나 대부大夫**가 국정의 실권을 잡게 되었고, 제후와 혈연관계인 경대부 그리고 혈연관계 아닌 신흥 경대부와 가신들 사이에서 격렬한

---

* 장관급 이상의 벼슬.

** 주나라 때는 경의 아래 벼슬.

권력 투쟁이 반복되었다. 앞서 말한 노나라의 소공 추방 사건이나 양호의 난과 비슷한 사건이 다른 제국에도 빈번하게 일어났다. 이러한 사태에 대처하기 위해 국가들 사이뿐만 아니라 국내의 제후와 경대부 및 가신들 사이에서도 회맹이 잦았다. 시대의 변화와 함께 회맹의 의미도 크게 변해갔다.

진나라 조씨의 내분

후마맹서의 시대

이러한 상황은 진나라에서도 예외가 아니었다. 천토의 회를 주관해 천하의 패자가 된 문공이 죽자, 진 공실公室의 힘은 급속하게 쇠퇴하고 그 대신에 신흥 대부인 지知·범范·중항中行·조趙·한韓·위魏 여섯 성씨가 정권을 둘러싸고 치열하게 싸웠다. 후마맹서는 이런 긴박한 정치 상황의 산물이었다.

후마맹서의 연대에 대해서는 당초 몇 가지 설이 있었고 또 논쟁이 되기도 했다. 그렇지만 1975년 같은 장소에서 새롭게 발견된 맹서에 추방자 중 한 명인

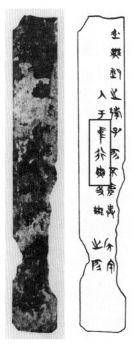

왼쪽, '중항인' 문자가 보이는 맹서
오른쪽, 해독도에 둘러싸인 부분이
'중항인'

'중항인中行寅'의 이름이 있는 것을 보아 범중항의 난(기원전 497~489) 시기의 것이 거의 확실해 보인다. 『춘추좌씨전』(정공 13년~애공哀公 5 년)에 의거하여 이 내란의 개략적인 내용을 설명하면 다음과 같다.

범중항의 난

당시 조씨의 본가는 진양晋陽이 본거지였다. 본가 주인인 조앙趙鞅(조 간자趙簡子)은 위나라를 포위했다가 거둔 답례로서 500호(가구)의 위나 라 백성을 받았지만, 너무 먼 거리였기에 한단邯鄲(하북성 남서부 태행 산맥의 동쪽 기슭에 있는 도시)을 지배하던 분가인 조오趙午에게 잠시 맡 겼다. 3년 후, 조앙은 500호 백성을 돌려 달라고 요구했지만 한단 장 로들의 반대로 조오가 이를 거부하였고 이에 격분하여 조오를 진양에 불러들여 살해했다. 이로 인해 조오의 아들 조직趙稷은 순인荀寅(중항 인中行寅), 범길사范吉射와 함께 조앙을 공격했다. 순인은 조오의 생질, 범길사는 인척에 해당하며 모두 조씨의 내분에 편승하여 세력 확대를 꾀하던 차였다.

조씨 내분의 시초가 된 이 사건은 한씨와 위씨 등 유력 귀족에게도 파급되었고, 결국 정공도 이 사건에 연루되어 대규모 쟁란이 되었다. 그러나 최종적으로 범씨와 중항씨의 패배로 끝났고 범길사와 순인은 제나라로 망명하였다.

후마맹서는 이 범중항의 난 이후, 조씨 일족에 대한 종주 조앙의 지 배를 강화하고 일족과 백성들 사이 결속을 강화하기 위해 이루어진 회맹의 맹약으로 추정된다. 조씨 본가를 중심으로 단결하며, 한단의 조씨·범씨·중항씨 일파에 들거나 추방된 반대파를 국내에 들여오지 않는다는 등의 내용이 서약되어 있다. 말미에는 "신명(하늘과 땅의 신령)이 이것을 조람하고 위약할 경우는 제재를 가할 것이다"라는 저주의 말이 담겼다.

그 후의 양호

앞서 살펴봤듯 노나라에서 쿠데타에 실패해 진나라로 망명한 양호가 이 범중항의 난 당시 조앙의 휘하에 있었던 것으로 보인다. 이 대란의 원인이었던 조앙이 위를 포위한 사건이 양호가 망명한 그다음 해 일이니 거의 확실한 듯하다. 노나라의 경우처럼 이 일련의 쟁란 배후에도 양호의 암약이 있지 않았을까 싶지만 이를 증명할 자료는 아직 나타나지 않았다.

다만 『춘추좌씨전』 애공 2년(기원전 492)에 범중항의 난 이후, 조앙이 위의 후계 문제에 휘말리고 송에 망명해 있던 태자를 위에 잠입시킨 시점에 양호가 그 중심적 역할을 담당한 것으로 보인다. 또한 애공 9년(기원전 485)에는 송나라로부터 공격당한 정나라를 구원할 수 있을지 여부를 조앙이 점칠 때, 양호가 『주역』에 따라 점괘를 보고 부정적 결과가 나오자 구원을 그만둔 것으로 보인다. 이즈음 양호는 조앙 휘하에서 상당히 중요한 역할을 맡은 듯 보이므로, 수년 전 후마맹서의 회맹 장소에 조앙의 계획대로 양호가 출석했으리라는 추측도 황당무계하지만은 않다.

그 후 진나라에서는 지·조·한·위 네 씨족이 강력한 세력으로 떠올

랐고, 기원전 453년에 조·한·위 세 씨족이 연합하여 지씨를 멸망시켰으며 기원전 403년에는 주 왕이 결국 세 씨족을 제후로 공인하기에 이른다. 이렇게 대국 진나라는 조·한·위 세 나라로 분리되면서, 전국 시대로 진입하게 된다. 후마맹서는 춘추 시대를 상징하는 회맹의 구체적 상황을 명확히 보여줌과 동시에 전국 시대 전야 격동의 한 장면을 생생하게 전달하는 동시대의 증언자로서, 그 의미가 상당히 중요하다.

춘추 전국 시대 필기문자의 실태

가장 오래되고 잘 정리된 필기 자료

서도사와 문자학에서 후마맹서의 의미는 무엇보다도 춘추 시대 필기문자의 실태가 처음으로 명확해졌다는 데 있다.

출토된 맹서 5,000여 점 가운데 문자가 식별된 것은 656점에 달하고, 에무라 하루키江村治樹의 「후마맹서고侯馬盟書考」[1]에 따르면 내용상으로는 6류 10종으로 분류된다. 모필毛筆*로 쓴 문자 자료로는 이미 은대 갑골 또는 도자기 파편, 구슬 파편의 예가 잘 알려져 있지만 그것은 단편적인 소수에 불과하고, 잘 정리된 필기 자료로는 후마맹서가 지금까지 중 가장 오래되었다고 할 수 있다.

---

* 짐승 털로 맨 붓.

후마맹서의 문자를 보면 모두 모필 특유의 탄력성이 있으며 붓놀림이 상당히 빨랐음을 알 수 있다. 구체적으로 가로획에 대해서 분석해보면, 시작 부분이 두껍고 중간 부분은 살짝 들려 있으며 마지막 부분은 가늘고 뾰족한 것이 공통적인 특징이다. 이것은 처음을 강하게 누르고 그 탄력성을 살려서 오른쪽으로 조금 붓을 들어 올린 후에 그대로 한 번에 빼 버리는 붓놀림으로 생겨난 필체다.

과두문자의 진상

이러한 필체가 주목받은 이유는 육조 시기 이후의 문헌에 춘추 전국 시대의 필기문자를 가리키는 말로 많이 등장하는 '과두문자蝌蚪文字'와 관련이 있기 때문이다. 과두란 올챙이를 뜻한다. 앞서 지적했듯이 과두문자란 시작이 두껍고 마지막이 가늘고 뾰족한 필체에서 유래한 호칭이며, 문자의 형태가 올챙이와 비슷하다는 의미는 아니다. 다만 문헌 중 등장하는 과두문자란 대부분 막연한 개념을 나타내는 것에 불과하고 각 문헌마다 과두문자로 표기된 언어는 대부분의 경우 개개의 문헌에 따라 그것이 나타내는 실체는 상당히 다양한 점도 충분히 고려해야만 한다.

이러한 점을 염두에 두고 후마맹서와의 연관성을 살펴볼 필요가 있다. 서진 무제의 함령咸寧 5년(279)에 급군汲郡(하남성)에 있는 위魏나라 양왕襄王(또는 안리왕安釐王)의 무덤에서 출토되었다고 전해지는 죽간竹簡, 즉 급총서汲冢書를 실제로 본 두예杜預가 그것을 과두문자라 일컬었다고 『춘추경전집해春秋經傳集解』 후서는 전한다. 이미 서술했듯 두

예가 말하는 과두문자에 대해서도 그 실체를 명확하게 파악하기 어려
운 점이 있지만, 언급하는 이유는 급총서가 출토된 급군이 춘추 시대
의 진晉에서 분립한 삼국 가운데 하나인 위나라 영역에 속해 있기 때

문이다. 급총서의 연대는 명확히 알 수 없
지만, 위나라 사서로 보이는 『기년紀年』
이라는 서책이 혜성왕惠成王(혜왕) 다음 왕
20년, 즉 기원전 299년에 끝났다고 『춘추
경전집해』에서 두예가 한 말을 근거로 추
측해보면, 급총서는 전국 시대 중기부터
후기에 걸쳐서 필사된 자료로 볼 수 있을
것이다.

만일 두예가 말하는 과두문자가 후마
맹서와 같은 필기문자를 가리키는 것이라
면 춘추 시대 말기부터 전국 시대 중후기
에 걸쳐서 북방 지역에서는 이러한 필기
문자가 널리 퍼져 있었을 가능성이 높다
고 말할 수 있다.

필기문자의 지역성과 시대성

관점을 바꿔 다른 출토문자 자료와의 연
관성 속에서 이 문제를 좀 더 살펴보자.

문자를 분석할 때는 적어도 시대와 지

후마맹서

증후을묘 죽간

역, 두 가지를 염두에 둘 필요가 있다. 지금까지 시대적으로 후마맹서와 가장 가까운 필기 자료는 1978년에 호북성湖北省 수현隨縣 뢰고돈擂鼓墩 1호(증후을曾侯乙) 묘에서 출토된 증후을묘 죽간이다. 묘장 연대는 출토된 동박銅鎛*의 명문을 통해 초楚 혜왕 56년(기원전 433)경으로 추정되며, 죽간 내용이 견책遣策(부장품 목록)인 것을 보아 서사 연대와 거의 같은 시기로 추정된다.

따라서 두 자료의 서사 연대는 후마맹서가 기원전 5세기 전반, 증후을묘 죽간은 기원전 5세기 후반이며 시대 차이는 50~60년으로 추정된다. 한편 두 자료가 발굴된 진은 북방, 증은 초에 인접한 남방으로, 두 나라는 남북으로 멀리 떨어져 있었다. 후마맹서와 증후을묘 죽간이 "놀라울 만큼 비슷한 필법으로 씌어 있다"고 에무라 하루키는 「전국진한 간독簡牘**문자의 변천」[2]에서 이미 지적한 바 있다.

두 자료는 춘추 시대 후기부터 전국 시대 전기에 걸쳐 남북 모두에서 공통된 양식의 문자가 쓰였다는 점을 실증하였다. 더욱 주목되는 점은 이러한 필기 양식이 전국 시대 중기부터 후기에 걸친 초간에도 명료하게 나타난다는 사실이다.

이미 서술했듯 현재 알려진 춘추 시대의 필기 자료는 후마맹서뿐이고, 전국 시대의 필기 자료는 초간과 진간에 한정되어 있으며 게다가 진간 대부분은 전국 말기부터 시황제 시대에 집중되어 있다. 따라서

---

* 동으로 만든 종.

** 종이가 없던 때에 중국에서 글씨를 쓰는 데 사용한 대쪽과 얇은 나무쪽.

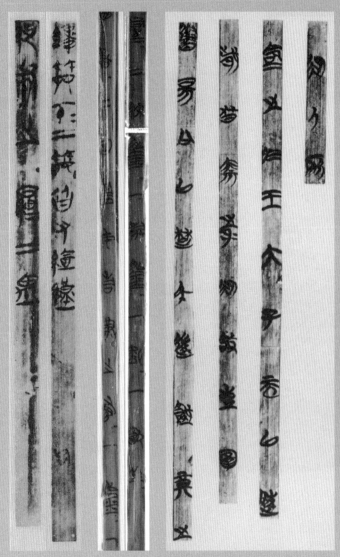

초간, 왼쪽부터 앙천호초간仰天湖楚簡, 포산초간包山楚簡, 신양초간信陽楚簡

시대와 지역 두 측면에서 총체적으로 춘추 전국 시대 문자의 실태를 검토하기란 현시점에서 도저히 불가능한 형편이다.

　다만 지금까지 살펴본 것처럼 급총서를 본 두예가 그 문자를 '과두서蝌蚪書'로 일컬은 기록을 비롯해 출토문자 자료 가운데 증후을묘의 죽간이나 다른 초간 사이 공통점을 살펴본다면, 후마맹서와 같은 서사 양식은 지역적으로도 시대적으로도 상당히 폭 넓게 사용되었음을 추측할 수 있다.

'혜왕 56년'이라는 기년이 명기된 동박.
증후을묘 출토

수정이 불가피한
유교사의 통설

곽점 초간 · 전국 초죽서

기원전
1500

은

1000

서주

춘추

500

전국
진
전한
신   0
후한

삼국
서진
동진

남북조   500
수
당

오대십국
1000
북송

남송

원

명   1500

청

중화민국

중화인민   2000
공화국

곽점 초묘

출토

사서오경의 하나로 알려진 『역경』. 이제까지의 연구에서는 진한 이후에야 유교 경전이 되었다고 보는 것이 통설이었다. 그렇지만 1990년대에 발견된 전국 시대의 초간에는 종래의 견해를 뒤집는 내용이 기술되어 있었다.

호북성
형문시 곽점

두 개의 현대판 급총서

서진의 대발견 '급총서'

서진 무제 함령 5년(279), 급군의 부준不準이라는 사람이 도성 내 오래된 묘를 도굴하다가 죽간 문서를 발견하였다. 도굴자는 금은보화가 목적이었기에 죽간에는 전혀 관심이 없었다. 그러다 보니 문자도 훼손되고 불에 타고 파손된 편지도 많았으며 순서도 엉망인 상태였다.

발굴 소식을 들은 무제는 수레 수십 대에 달하는 죽간을 궁 안 비밀스러운 곳으로 옮기고 순욱荀勗·화교和嶠·속석束晳·위항衛恒 등의 학자들에게 정리를 명하여 당시 통용되는 문자로 다시 필사하였다. 죽간의 내용은 『죽서기년竹書紀年』13편, 『역경易經』2편, 『국어國語』3편, 『목천자전穆天子伝』5편 등 75편에 달하였으며, 그 출토지의 이름을 따서 '급총서'라고 이름 붙였다.

급총서는 안타깝게도 이후 대부분 산실되어 현재에는 통용 문자로 필사된 『목천자전』만이 전해지고 있을 뿐이다. 그러나 급총서의 발견은 당시 학계에 상당한 충격을 주었고 그 파급도 오랫동안 후세에 미쳤다. 특히 하나라부터 전국 시대 위나라에 걸친 역사를 서술한 『죽서기년』에는 이전까지의 통설을 수정해야만 할 내용이 다수 포함되어 있었고, 『춘추좌씨전』 자료에 대한 재평가나 『사기』에 보이는 착오 정정 등 문헌 자료를 통해 쌓여온 고사古史의 재검토를 재촉하였다.

이처럼 학술사상 유명한 도굴 사건인 급총서의 현대판이라고 할 만큼 중요한 두 가지 발견이 20세기에도 있었다.

곽점 초간

그 하나가 호북성湖北省 형문시荊門市 곽점郭店 1호 초묘楚墓에서 출토된 곽점 초간의 발견이다. 곽점 1호 초묘는 전국 시대 초나라 수도 영郢의 옛 땅인 기남성紀南城 북방으로 약 9킬로미터 지점에 있고, 그 일대는 수많은 초나라 묘가 밀집해 있어 광대한 묘장군을 형성하고 있는 지역이다.

  호북성 형문시박물관의 「형문곽점1호초묘」[1]에 따르면 1993년 8월 23일에 처음으로 도굴이 있었는데, 그때는 관 바깥 부분을 둘러싼 외곽外槨에 미치는 정도였다. 그렇지만 10월 중순에 다시 도굴을 당했고 정판梓板 덮개에 가로 40센티미터 세로 50센티미터의 장방형 구멍이 뚫려, 부장품 일부가 도난당하고 묘 가운데 기물도 파손되어 여기저기 흩어지고 빗물과 흙이 정실梓室까지 침투된 상태였다. 그래서 급히 10월 18일부터 24일까지 호북성 형문시박물관은 발굴 조사를 행했는

곽점1호 묘갱

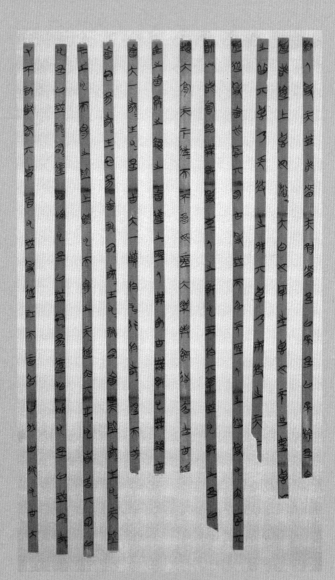

곽점 초간「노자」,「태일생수」

데, 이때 예기禮器·악기樂器·병기兵器·생활용품 등 다수의 부장품과 함께 804매의 죽간, 즉 곽점 초간이 발견되었다. 묘장의 구조나 부장품의 특징으로 판단하건대 곽점 1호 초묘는 전국 시대 중기 후반의 특색을 띠며, 이장 연대는 기원전 4세기 중순부터 기원전 3세기 초반으로 추정되었다.

형문시박물관을 중심으로 연구자들이 곽점 초간을 정리 및 해석하였고, 1998년 5월에 문물출판사에서 전간의 도판과 해석문 주석을 담은 형문시박물관 편 『곽점초묘죽간』이 발행되었다. 그 책에 의하면 죽간은 길이·글자체·내용 면에서 『노자老子』(갑·을·병) 『태일생수太一生水』 『치의緇衣』 『노목공문자사魯穆公問子思』 『궁달이시窮達以時』 『오행五行』 『당우지도唐虞之道』 『충신지도忠信之道』 『성지문지成之聞之』 『존덕의尊德義』 『성자명출性自命出』 『육덕六德』 『어총일語叢一』 『어총이語叢二』 『어총삼語叢三』 『어총사語叢四』의 16종류로 분류된다.

이 중에서 『노자』와 『태일생수』는 도가道家, 그 외 대부분은 유가儒家를 중심으로 한 저작물로 보이고, 『노자』와 『치의』 외에는 이미 여기저기로 흩어져 없어진 상태다.

상해박물관 소장 전국 초죽서

곽점 초간의 발견은 제자백가諸子百家가 다양한 활동을 전개하던 시대의 무덤에서 당시 사상을 엿볼 수 있는 수많은 미지의 저작물이 한꺼번에 출토된 점에서 학계에 충격을 주었는데, 곧이어 더욱 놀랄 만한 소식이 전해졌다.

곽점1호 초묘에서 출토된 부장품. 형문시박물관 소장

위부터 거울, 칠기, 구장수鳩杖首[*]

상해박물관 소장 전국 초죽서의 출현이다. 『상해박물관장전국초죽서』 제1권은 그 개략적인 경위를 다음과 같이 전한다.

1994년 봄, 상해박물관의 마승원馬承源(마성웬) 전前 관장에게 홍콩의 장광유張光裕(장광위) 교수로부터 팩스가 도착했다. 홍콩 골동품 시장에 나타난 죽간의 필사본이었는데, 그중에는 『역경』 일부와 문왕文王과 주공周公에 관련해 알려지지 않은 내용이 포함되어 있었다. 마 관장은 장 교수에게 더 많은 필사본을 보내달라고 요청하였다. 새롭게 도착한 필사본을 본 마 관장은 이것이 발견되지 않은 선진先秦** 시대의 고적古籍이며 전국 초간의 문자와 일치한다는 것을 알아채고 장 교수에게 구입 알선을 의뢰했다. 당시 홍콩은 중국에 반환 전이어서 배로 보내자면 2~3개월이 걸리는 데다 죽간의 유출 및 분산을 막기 위해서는 신속한 대응이 절실했다. 지속적으로 보내온 30여 쪽의 필사본을 통해, 이들 죽간은 모두 선진 시대 고적이며 『역경』 이외에는 대부분 알려지지 않은 저작물로 판명되었다. 계속해서 장 교수와 감정 결과의 요약본을 주고받으면서 죽간의 보존 상태와 문자의 서법이나 먹물색 등에 대해 상세한 보고를 다시 요구하였으며, 종합적으로 판단한 끝에 구입을 결정하였다. 그리고 같은 해 5월, 이들 죽간은 상해박물관으로 전달되었다. 게다가 그해의 가을부터 겨울 사이, 앞서 구입한 죽간의 누락된 부분으로 보이는 또 하나의 죽간이 시장에 나타났다.

---

* 국가에서 노인에게 하사한 지팡이로 윗부분 장식이 비둘기 모양이다.

** 춘추 전국 시대를 달리 이르는 말로, 진나라의 시황제가 중국을 통일한 기원전 221년 이전의 시대라는 뜻이다.

이미 연말이어서 상해박물관에는 자금이 부족하였지만, 다행히 홍콩에 사는 지원자가 공동 출자하여 이들 죽간은 상해박물관 품에 안길 수 있었다.

이렇게 해서 홍콩을 떠나 상해박물관에 도착한 죽간은 그 후 3년에 걸쳐 탈수와 오염된 부분을 제거하는 보존 처리를 통해 1997년부터 정리 및 연구가 진행되었다. 1999년 1월 5일 자의 중국 일간지 「문회보文匯報」(원휘바오)에 따르면 죽간은 1,200여 간, 글자 수는 3만 5,000여 자였다. 내용은 유가·도가·병가·잡가 등의 저작 80종류에 달하였고 그 대부분은 흩어져 사라진 문서였다.

80종 가운데에도 중요한 것은 『역경』『시론詩論』『치의緇衣』『자고子羔』『공자문거孔子文居』『팽조彭祖』『악례樂礼』『증자曾子』『무왕천조武王踐阼』『부부賦』『자로子路』『항선恒先』『조수지진曹洙之陳』『부자답사주문夫子答史籀問』『사제이왕四帝二王』『증자입효曾子立孝』『안연顔淵』『악서樂書』 등이 있다.

이들 죽간의 정식 보고서는 전 6권으로서 상해 고적출판사에서 간행이 계획되었고, 2001년 11월에 마승원이 엮은 『상해박물관장전국초죽서』 제1권에 이어서 2002년 12월 『상해박물관장전국초죽서』 제2권이 간행되었다. [2] 제1권에는 『공자시론』『치의』『성정론』, 제2권에는 『민지부모民之父母』『자고子羔』『노방대한魯邦大旱』『종정從政』(갑편·을편)『석자군로昔者君老』『용성씨容成氏』의 도판 및 원문에 대한 석문釋文과 역주가 수록되어 상해박물관 소장 전국 초죽서의 경이로운 내용이 조금씩 세상에 드러나기 시작했다.

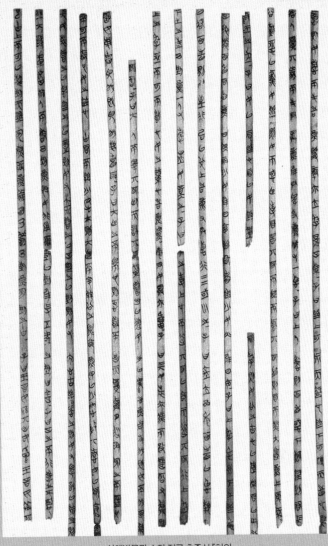

상해박물관 소장 전국 초죽서 『치의』

양자의 긴밀한 관계

곽점 초간이 발견된 계기는 비록 도굴이었지만, 그 가치의 궁극적인 발견은 연구자에 의한 과학적 발굴 조사 덕분이었다. 이에 반해 상해 박물관 소장 전국 초죽서는 도굴되어 홍콩 골동품 시장에 유출된 것이기 때문에 출토 시기나 출토지 등을 전혀 알 수가 없다.

『상해박물관장전국초죽서』 제1권의 「전언, 전국초죽서의 발견 및 보호와 정리戰國楚竹書的發見保護和整理」에서 마승원이 출토지는 호북성이고 유출 시기는 곽점 1호 초묘의 도굴 시기와 근접하다고 밝힌 것으로 보아, 곽점 묘지에서 출토되었을 가능성도 고려되지만 확증할 수는 없다고 한다.

또한 죽간의 연대에 대해서는 「상해박물관 죽간 견본의 측량 증명 上海博物館竹簡樣品的 測量證明」과 중국 과학원 상해 원자핵연구소의 분석에 따르면 전국 시대 후기라는 측정 결과가 나온 적이 있다. 또한 죽간의 내용 및 글자체 검토, 곽점 초간과의 비교 등을 통해 종합해 볼 때, 초나라가 수도를 영에서 옮기기(기원전 278) 이전에 귀족의 묘에 부장되어 있었던 것으로 연대를 추정하고 있다. 그 후 간행된 『상해박물관장 전국초죽서연구上海博物館藏戰國楚竹書研究』[3]의 「마승원 선생이 상해 죽간에 대해서 말하다馬承源先生談上海簡」에서는 2257년±65년이라는 중국 과학원 상해 원자핵연구소의 측정치가 소개되었다. 측정 시기는 불명하지만 만일 보존 처리가 종료된 1997년을 기점으로 보면, 기원전 260±65년이 되고 하한은 앞서 말했듯 진秦의 백기白起가 수도를 점령한 기원전 278년이며 필사 연대는 기원전 325년부터 기원전

278년이 된다. 즉 상해박물관 소장 전국 초죽서와 곽점 초간은 전국 시대의 초묘에 부장된 거의 동시기의 자료라는 결론이다.

지금까지 살펴봤듯이 곽점 초간은 수년 전에 전체 내용이 공표되었고 상해박물관 소장 전국 초죽서는 간행 중인 단계에 있지만, 현시점에서 이들 자료의 내용이 이전까지 중국 사상사의 통설에 대해 중대한 수정을 요구하고 있다는 점은 분명하다. 곽점 초간 그리고 상해박물관 소장 전국 초죽서의 발견은 단순히 도굴이라는 공통점뿐만이 아니라 학계에 대단한 충격을 던졌다는 점에서 확실히 현대판 급총서라고 부를 만하다.

다음으로는 그 한 예로서 유교의 대표 경전인 『역경』에 관한 문제를 중심으로, 곽점 초간과 상해박물관 소장 전국 초죽서의 의의에 대해 살펴보기로 하자.

수정이 불가피하게 된 유교사의 통설

『역경』에 대한 통설

『역경』은 원래 점술 관련 도서이며, 유교 경전으로서 입지를 갖춘 시기는 진한秦漢 이후로 보는 것이 지금까지의 통설이다.

예를 들면 다케우치 요시오武內義雄는 『중국사상사』[4]에서 공자와 그 제자들은 『역경』에 관해 어떤 언급도 하지 않았고 전국 시대 중기의 『맹자』에도 언급이 없으며, 전국 시대 말 『순자』에서 『역경』을 인용한 두 군데도 후대에 부가한 것이라고 해석하였다. 따라서 "『역경』은 공자에서 맹자, 순자에 이르기까지 유교의 경전이라고 여기지는 않은 것 같다"고 서술하고, 오경을 불태워 버린 시황제의 분서焚書를 피해 살아남은『역경』을 추가해서 진대 이후 육경이 성립했다고 설명하였다. 또한 히라오카 다케오平岡武夫는『경서의 성립經書の成立』[5]에서 공자와 제자의 문답에『역경』을 경전으로 한 명확한 흔적이 남아 있지 않기 때문에 "결국 춘추의 경우처럼 한대漢代가 되어 '역'의 학문이 활발하게 진행되고, 드디어 한대 경학經學의 이념으로 체계가 정비되어 경전의 지위를 확보하게 되었다"고 서술하며,『역경』이 경전이 된 시점을 한대 이후로 보고 있다.

거슬러 올라가는 '육경'의 성립 시기

곽점 초간『육덕』에는 다음과 같은 기술이 보인다.

　　　　觀諸詩書, 則亦在矣. 觀諸禮樂, 則亦在矣. 觀諸易春秋, 則亦在矣.

공자의 여러 제자상, 산동성 가상현 무영사 제2석

이것을 시詩와 서書에서 보면 즉 있는 것이다. 이것을 예禮와 악樂에서 보면 또한 있는 것이다. 이것을 역易과 춘추春秋로 보면 역시 있는 것이다.

또한 곽점 초간 『어총일』에도 "시는 고금의 의지가 만나는 이유가 된다." "예는 이것을 합쳐서 행하는 것으로 진술할 수 있다." "악은 혹은 생겨나고 혹은 가르치는 사람이 된다." "역은 천도天道와 인도人道가 만나는 이유가 된다." "춘추는 고금의 것이 만나는 이유가 된다."('서'와 관련된 부분은 누락됨)라고 기술되어 있다. 시·서·예·악·역·춘추, 이 여섯이 바로 유교 경전이다. 즉 '육경'은 곽점 초간 이전에 이미 성립되어 있었던 것이다.

곽점 1호 초묘의 이장 연대는 묘장의 구조와 부장품의 특징으로 볼 때 전국 시대 중기 후반인 기원전 4세기 중순부터 기원전 3세기 초로 추정된다. 따라서 곽점 초간의 필사 연대는 그 이전일 테고, 「육경」의 성립은 늦어도 전국 시대 중기 이전으로 거슬러 올라갈 수 있다.

결국 『역경』이 유교 경전에 포함된 시기는 통설처럼 진한 이후가 아니라 전국 시대 중기 이전이었음이 판명된 것이다. 상해박물관 소장 전국 초죽서

곽점 초간 『육덕』
인용 부분

에 『역경』이 포함된 점은 더욱 그 강력한 증거가 되었다. 상해박물관 소장 전국 초죽서의 『역경』은 지금까지 전부 공표된 것은 아니지만, 다행히 상해박물관의 중국 역대 서법관에 전시된 죽간 10개를 확대한 컬러 사진 중에 『역경』의 죽간이 2개 포함되어 있다. 그에 따르면 상해박물관 소장 전국 초죽서의 『역경』은 괘화(점술 그림)·괘명(점술 이름)·괘사(점술 관련된 글)·효사(점괘 관련된 글)의 순으로 일정한 형식을 갖추고 있고, 몇몇 같고 다른 문자를 빼면 오늘날 『역경』 경문과 거의 동일한 내용임을 알 수 있다. 앞서 말했듯 상해박물관 소장 전국 초죽서에는 『공자시론』 『공자문거』 『증자』 『자로』 『안연』 등 공자 및 그 제자들과 연관된 저작이 많이 포함되어 있고 유가의 저작이 중심 위치를 차지하고 있다. 따라서 그것에 포함된 『역경』을 유교와 전혀 관계가 없는 점술 서적으로 해석하기는 곤란하다. 곽점 초간의 『육덕』이나 『어총일』은 '육경'에 포함된 『역경』의 존재를 구체적으로 나타내는 자료라 볼 수 있다.

　특히 『역경』의 인용에서 진대 이후에 성립되었다고 보는 『예기』의 「표기表記」 「방기坊記」 「치의」에 대해서도 곽점 초간과 상해박물관 소장 전국 초죽서 양쪽에 「치의」 편에 해당하는 저작이 포함되어 있는 점은, 「치의」 편이 전국 시대 중기 이전에 성립되었음을 보여준다. 「표기」와 「방기」 편에도 곽점 초간 『어총일』 각 편의 일부와 합치하는 기술이 보여 마찬가지로 전국 시대

「공자시론」에 보이는
"공(자) 왈"

중기 이전으로 거슬러 올라갈 수 있는 가능성이 지적된다. 이처럼 곽점 초간과 상해박물관 소장 전국 초죽서에 의해 『역경』은 이미 전국시대 중기 이전부터 유교 경전으로서 인정받고 있었으며 「육경」의 성립 시기도 전국 시대 중기 이전으로 거슬러 올라갈 수 있음이 실증되었다.

지금까지 현시점에서 밝혀진 곽점 초간과 상해박물관 소장 전국 초죽서의 의의를 살펴보았다. 앞으로 더 연구가 진전되고 『상해박물관장전국초죽서』 전집도 이어 발간되면, 이제까지의 통설이 더욱 수정되고 옛날 자료에 기초한 중국 사상사의 큰 틀도 많이 바뀔 수밖에 없을 것이다. 지금 중국 사상사 연구는 완전히 새로운 단계에 발을 들여놓았다고 할 수 있다.

전국 시대 문자의 분립과 혼란

후한後漢의 허신許慎은 『설문해자』서문에서 한韓 · 위魏 · 조趙 · 제齊 · 연燕 · 초楚 · 진秦의 7개국이 대립한 전국 시대의 상황을 아래와 같이 서술하고 있다.

일곱 개 제후국으로 나뉘자 토지는 단위 면적을 달리하고 차도는 수레의 폭을 달리하고 율령은 법을 달리하고 언어는 발음을 달리하고 문자는 형태를 달리한다.

허신이 말하는 전국 시대 문자의 지역적 차이의 실태는 이미 금문 자료 등의 검토를 통해 명확해졌지만, 일상적으로 통용되는 필기문자에 대해서는 전국 시대의 간독 자료가 출토된 최근에서야 겨우 그 연구에 실마리가 풀렸다고 할 수 있다. 다만 현시점에서 간독 자료가 출토되고 있는 곳은 진과 초 2개국의 영역에 그치고, 다른 제국의 필기문자 실태는 아쉽게도 아직까지는 명확하지 않다. 또한 진간과 초간 중에 초간의 출토 수가 압도적으로 많으며, 이들 분석에 의해 초간문자는 일정 양식의 특색을 갖추고 있으면서도 동시에 매우 다양한 실태를 분명히 나타내고 있다.

곽점 초간은 과학적 발굴에 의해 전국 시대의 묘에서 사상 관련 문서가 한꺼번에 출토된 최초의 사례이며, 상해박물관 소장 전국 초죽서와 함께 중국 사상사 연구에 있어 문자 그대로 획기적인 의미를 띠는 자료라고 앞서 소개한 바 있다. 이러한 자료상의 성격은 전국 시대 문자 연구에서도 단지 초간문자 자료가 추가된 것 이상의 중요한 의

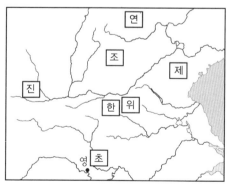

전국 시대 지도

미를 갖고 있다. 전모가 공표된 곽점 초간의 예를 들어 이 점에 대해
더 살펴보겠다.

서책의 유포와 문자의 혼란

이전까지 알려진 포산 초간·신양 초간·망산 초간望山楚簡 등의 전국
초간은 주로 부장품 목록인 견책이나 사법 문서, 일상의 점술을 기록
한 복서 및 제사 관련 기록 등이었다. 이들은 내용이나 성격을 고려할
때 초의 묘주 주변에서 작성되거나 필사된 것으로 보인다. 이에 비해
사상 관계 서책인 곽점 초간은 예를 들면 공자의 손자에 해당하는 자
사子思의 작품으로 전해지는 『치의』, 사상 내용에서 자사와의 관련성
이 엿보이는 『오행』, 그리고 자사와 노나라 목공과의 문답인 『노목공
문자사魯穆公問子思』 등 자사 및 그 후학이 쓴 것이 포함되어 있고, 그
원본은 자사학파의 거점이었던 노나라와 제나라의 직하稷下 등에서
완성되었을 가능성이 높다.

  이러한 점을 근거로 곽점 초간에는 동방의 제와 노에서 제작되어
어떤 형태로든 남방의 초에 유포된 서책이 적지 않게 포함되어 있고,
유포 과정에서 시대나 필사한 사람 등 다양한 여러 요소, 특히 초나라
이외의 지역적인 요소가 반영되어 있다고 예상할 수 있다.

  이러한 관점에서 곽점 초간에 대해 검토한 논문으로 주봉오周鳳五
(저우펑우)의 「곽점죽간의 형식특징 및 그 분류의의郭店竹簡的形式特徵及
其分類意義」[6]가 있다. 주봉오는 글자체의 관점에서 곽점 초간을 이하 4
가지로 분류하였다. 제1류는 초 간백簡帛(비단에 쓴 편지)의 표준 자체

이고, 제2류·제3류·제4류는 제와 노의 문자와 관련성이 보이며, 특히 제4류는 제문자의 특징과 가장 잘 합치한다.

제1류 『노자갑』『치의』『오행』『노목공문자사』『궁달이시』『노자을』
　　　『노자병』『태일생수』『어총사』
제2류 『성지문지』『존덕의』『성자명출』『육덕』
제3류 『어총일』『어총이』『어총삼』
제4류 『당우지도』『충신지도』

주봉오는 동방의 제와 노로부터 유입된 서책이 남방의 초에서 유행하는 과정에서, 전사轉寫*에 의해 제·노의 문자가 초의 문자로 치환되는 현상을 '순화馴化'로 보고 제4류부터 제1류까지 순화의 정도를 단계적으로 파악하였다. 이전까지 초묘에서 출토된 문자를 초계문자楚系文字로 칭하고 그것이 초 고유의 문자라는 암묵적인 전제하에 토론을 전개하는 경향이 있었지만, 주봉오의 견해는 이러한 초간문자에 대한 기존 이해를 재고하는 주장으로서 주목된다.

기대되는 향후 연구

결론부터 말하면 주봉오가 제시한 논거만으로 곽점 초간과 제나라 문자와의 관련성을 실증하기는 곤란하고 이 문제에 대해서는 향후 더욱

---

* 글이나 그림 따위를 옮기어 베끼는 일.

전국 초간,
왼쪽부터 포산 초간, 신양 초간, 망산 초간

더 신중한 검토가 필요하다고 생각된다. 예를 들면 주봉오가 제나라 문자와의 관련성을 판별하는 중요한 지표로 제3류·제4류의 '자㫗' 자를 들었지만, 그 형태는 동방 계통의 금문뿐만 아니라 남방 계통의 금문과도 유사성을 보이는 예가 나타나고 이것이 동방의 제·노 고유 문자였는지 남방의 초에도 있었던 문자였는지에 대해서는 아직 충분히 파악하기가 어렵다.

더욱이 다른 지역 문자와의 혼란이라는 문제도 다른 설명이 가능하다. 주봉오가 제기한 서책의 전사로 인한 순화라는 관점 이외에, 전국 시기 제자백가의 광범한 활동이나 제의 직하에서 천하의 학사들이 집결하고 분산하던 인적 교류 측면도 고려할 수 있다.

예를 들어 다음은 『사기』「유림전儒林傳」에 나오는 기술이다.

공자의 죽음 이후, 공자의 제자 및 문하생은 각지에 분산해서 제후들을 보필하고 크게는 제후의 스승·대신·재상이 되고 작게는 사대부의 사우(스승으로 삼을 만한 벗)가 되고 어떤 사람은 은둔하여 세상에 모습을 나타내지 않은 사람도 있었다. 자로는 위나라, 자장은 진나라, 그리고 담대자우가 초에 있었고 자하가 서하(황하강 서쪽)에 있었으며 자공이 제나라에서 생애를 마친 것이 그러한 예다.

또한 『맹자』「등문공滕文公」(상)에는 맹자가 초 출신의 유학자인 진량陳良을 일컬어 아래와 같이 서술하였다.

곽점 초간.
왼쪽부터 「노자갑」 「성자명출」 「어총일」 「당우지도」

진량은 원래 남방의 초 출생이지만 주공·공자의 도를 사모하여 아득히 먼 북쪽에서 중앙으로 와서 성인의 도를 배웠다. 중앙의 학자조차도 진량을 능가하는 사람은 없다. 진량이야말로 재주와 덕이 뛰어난 호걸豪傑 선비다.

앞서 담대자우처럼 노에서 초로 이주한 인물이나 진량처럼 초에서 제·노로 유학한 인물들을 보면, 서책뿐만 아니라 제·노에서 학습한 인물에 의해 동쪽 지역의 문자가 초로 전달되었을 가능성은 상상하기 어렵지 않다. 따라서 초에서도 유가나 도가와 같은 학파 내부에서는 지역 차와 관계없이 그 학파의 본가본원인 제·노의 문자가 독자적인 위치를 점하고 있었을 가능성도 고려할 필요가 있다.

결론적으로 지금까지 실증 단계까지는 이르지 못했지만 주봉오의 견해는 전국 시기 문자의 지역적 분립과 혼란이라는 문제를 고찰하는 데 많은 시사점을 준다. 그의 견해에 대한 검증 차원에서도, 곽점 초간과 동일한 성격을 띠는 상해박물관 소장 전국 초죽서를 비롯한 앞으로의 연구에 기대가 크다.

고고학의 현장 }

상해박물관장
전국 초죽서의
신빙성

앞 장에서 다루었듯 곽점 초간은 과학적 발굴 조사에 의해 출토되었지
만, 상해박물관 소장 전국 초죽서는 도굴되어 홍콩 골동품 시장에 유
출되었기 때문에 그 신빙성에 의문을 제기하는 일부 연구자도 있다.

　필자는 다행히 2001년 8월에 상해박물관에서 『공자시론』 『치의』
『성정론』 원본을 볼 기회가 있었다. 게다가 상해박물관의 마승원 전
관장을 비롯한 박물관 측 연구자에게 홍콩에서 건너온 당시 죽간의
상황이나 정리 과정 등을 들을 수 있었고, 상해박물관 소장 전국 초죽
서의 신빙성에 대해서는 전혀 의문의 여지가 없음을 확신했다.

　『상해박물관장전국초죽서』 제1권 '전언'의 서술처럼 중국 과학원 상
해 원자핵연구소의 분석에 따라 전국 후기라는 연대 측정 결과가 나
와서 진위 문제는 이미 판명되었다.(마승원 전 관장에게 들은 바에 따르면
죽간과 먹물 모두 탄소 측정을 시행했다고 한다.) 그런데 다른 관점에서 한
번 이 문제를 검증해 보려고 한다.

　곽점 초간은 1993년 10월 18일부터 24일까지 발굴 조사로 출토하
였는데, 발굴 상황을 촬영한 영상을 본 지인의 말로는 출토 당시 죽간

은 수분을 다량 흡수한 진흙 덩어리 상태였다고 한다. 한편 상해박물 관 소장 전국 초죽서가 홍콩의 골동품 시장에 나온 시기는 1994년 봄 이었다. 마승원은 구입 당시 죽간의 상황에 대해 위의 설명대로 수분 을 다량 흡수한 진흙 덩어리 상태로 큰 비닐봉지에 들어 있었다고 말 하였다.

곽점 초간과 상해박물관 소장 전국 초죽서에는 적어도 두 종류의 공통되는 저작물이 포함되어 있었다. 그 하나는 『예기』「치의」편에 해당하는 것으로서, 『곽점초묘죽간』의 『치의緇衣』, 『상해박물관장전 국초죽서』 제1권의 『치의紂衣』가 그것이다.('치紂'는 '치緇'의 고어체). 또 다른 하나는 이제까지 알려지지 않았던 일서佚書로 『곽점초묘죽간』은 『성자명출』, 『상해박물관장전국초죽서』 제1권은 『성정론』으로 가칭 하고 있다.

또한 『치의』『성정론』 모두 『상해박물관장전국초죽서』 제1권에 모 든 죽간의 컬러 사진과 해석이 수록되어 있다. 게다가 부록으로 두 도 판과 해석을 대조한 「상박간『치의』와 곽점간자형 대조표上博簡『紂衣』 与郭店簡字形對照表」 그리고 「상박간『성정론』과 곽점간자형 대조표上博 簡『性情論』与郭店簡字形對照表」가 실려 있다.

상해박물관 소장 전국 초죽서의 신빙성은 그 안에 곽점 초간과 중 복되는 두 저작물이 포함된 사실로 증명된다. 우선 『예기』「치의」편과 곽점 초간 『치의』 사이에는 문장의 순서나 자구가 다른 점 등 현저한 차이가 발견된다. 그런데 상해박물관 소장 전국 초죽서『치의』와 곽 점 초간 『치의』를 비교해 보면 긴밀한 공통성이 있다. 양자는 『예기』

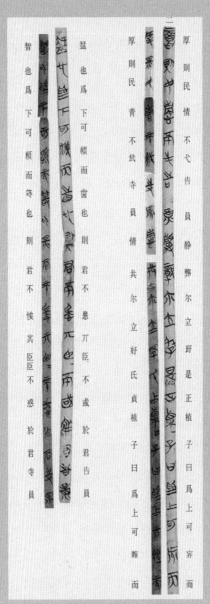

厚則民情不弋告員静樂尔立野是正植子曰爲上可斉而

厚則民青不紈寺員情共尔立好氏貞植子曰爲上可隆而

二

猛也爲下可頓而齒也則君不惠丌臣不或於君告員

智也爲下可頒而等也則君不悇其臣不惑於君寺員

「『상해박물관장전국초죽서』제1권의 부록으로 실린
「상박간」치의」와 곽점간자형 대조표」

「치의」편과 달리 이제까지 알려지지 않았던 다른 계통에 속하는 것이 분명해 보인다.

따라서 『예기』 「치의」 편을 기준으로 상해박물관 소장 전국 초죽서 『치의』를 위작으로 보는 일은 곤란하다. 게다가 곽점 초간 『성자명출』과 상해박물관 소장 전국 초죽서 『성정론』이 합치하는데도, 이제까지 알려지지 않았던 일서라는 이유만으로 위작 취급하는 일 또한 말이 안 된다.

그럼에도 불구하고 상해박물관 소장 전국 초죽서를 위조품이라고 말하고 싶다면, 남은 유일한 가능성은 곽점 초간을 참고한 경우일 것이다. 『곽점초묘죽간』의 '전언'에 따르면 죽간 정리 작업에 1993년 10월부터 3년이라는 시간이 필요하였고 상해박물관 소장 전국 초죽서가 홍콩의 골동품 시장에 출현한 1994년 봄에는 곽점 초간이 화학적인 보존 처리 등의 정리 작업 중에 있었다. 그러한 상황에서 대량의 죽간 가운데 『치의』와 『성자명출』을 구별해서 참고하기란 절대로 불가능하다. 게다가 죽간의 문자는 해독이 매우 어려운 전국 시대 고문古文이다.

수년 전 일본에서도 '전국 초간'이라고 불리는 죽간 위조품이 떠돌던 시기가 있었다. 상해박물관 소장 전국 초죽서에 대해서도 발굴품이 아니기에 신중한 태도는 분명 필요하다. 그러나 적어도 현시점에 이것을 의심할 만한 근거는 어디에도 없다. 일찍이 갑골 문자도 골동품 상점에서 발견된 데다 많은 위작이 떠돈 탓에 위조품이라고 판정한 예가 있었다. 위조품이라고 판단하면 더 이상 연구를 하지 않게 된다. 상해박물관 소장 전국 초죽서에 대해서도 만일 그러한 사태가 반복된다면, 학술상 대단한 손실이 아닐 수 없다.

시황제 시대의
법률 지침

수호지 진묘 죽간

기원전
1500

은

1000

서주

춘추

500

전국
진
전한
신
후한

0

· 수호지 진묘
· 시황제

삼국
서진
동진

남북조

500

수

당

오대십국

1000

북송

남송

원

명

1500

청

출토

중화민국

중화인민
공화국

2000

중국 역사상 최초의 통일 제국을 이룩한 진의 시황제. 1975년, 호북성 운몽현 수호지에서 시황제 시대 관리들의 묘가 발견되었다. 유골 주변에는 진의 예서로 쓰인 엄청난 양의 죽간이 있었는데, 거대한 행정 기구의 말단 관리들이 생전에 직무에서 사용했던 법률 지침이었다.

호북성
운몽현 수호지

수호지 진묘 죽간의 발견

어느 관리 이야기
___

진秦이 천하를 통일한 후 2년이 지난 기원전 219년, 안륙현安陸縣(호북성 운몽현雲夢縣)을 지나던 시황제의 대규모 순행 행렬을 마중 나온 군중 가운데 희喜라는 이름의 관리가 있었다. 희는 진의 소왕 45년(기원전 262) 12월 갑오일의 계명시(오전 2시경)에 태어났다. 후에 시황제라고 일컫는 진왕 정政 3년에 희는 19세로 사史(서기)에 임명되었고 이어서 6년에는 안륙현의 영사令史(서기관), 그다음 7년에는 안륙현에 인접한 언현鄢縣(호북성 선성현宣城縣)의 영사에 종사하였다.

시황제가 안륙현을 지나간 2년 후인 기원전 217년, 희는 죽음을 맞이했다. 향년 46세. 매장할 때에 청동기·칠기·도기 등과 함께 사후세계에서도 생전과 같이 직무를 수행할 수 있도록 희가 늘 참조해 왔던 법률 관련 죽간 서책과 세 자루의 붓을 부장품으로 함께 묻었다.

수호지의 진간 발견
___

그로부터 2,200여 년이 흘렀다. 1975년 11월, 배수구 굴착 공사 때 우연히 발견된 희의 묘는 '11호'라는 번호가 매겨졌고 12월에 호북성박물관 등의 협력 아래 발굴 조사가 이루어졌다. 이것이 호북성 운몽현 수호지睡虎地 11호 진묘의 발굴이다. 그 결과 희와 함께 부장된 1,155매나 되는 죽간이 현대에 다시 환생한 것이다. 발굴 보고서의 사진을 보면 죽간을 묶은 끈이 부패하여 엉망이 된 수많은 죽간이 희의 백골을 둘러싸고 있어, 생전 묘 주인과의 밀접한 관계를 보여주고 있다.

죽간의 내용

죽간은 후속 연구를 통해 『편년기編年記』『어서語書』『진율십팔종秦律十八種』『효율效律』『진률잡초秦律雜抄』『법률답문法律答問』『봉진식封診式』『위리지도爲吏之道』『일서日書』(갑종)『일서』(을종) 등 10종으로 분류된다. 이 중에서 『편년기』에는 진 소왕 원년(기원전 306)부터 시황제 30년(기원전 217)까지 전쟁을 중심으로 한 연표와 묘 주인 희의 사적인 연보가 기술되어 있다. 앞서 소개한 희에 관한 이력은 모두 이 『편년기』에 근거한 것이다. 희가 시황제의 순행을 보았다는 부분은 필자의 추측을 가미한 것이지만, 이와 관련해서도 전혀 억측이라고 말할 수는 없다.

『편년기』에는 시황제 28년 조목條目에 "지금, 안륙을 지나다今過安陸"라는 기사가 보인다. 이것은 기원전 219년 지금(今)의 황제, 즉 시황제 일행이 2차 순행 후 돌아가던 길에 위산衛山에서 남군南郡으로 향하는 도중 안륙현을 통과한 사실을 가리키며, 『사기』 「진시황본기」에

운몽현 수호지 풍경

죽간 출토 상황

수호지 진묘의 부장품, 호북성박물관 소장
시계 방향으로 도기, 칠기, 청동기, 붓

"시황제는 남군에서 무관을 거쳐 돌아왔다"라는 기술과 일치한다. 이때 희는 안륙현에 인접한 언현의 관리였지만 안륙현이 전임지였음을 고려하면, 희가 그곳까지 가서 시황제의 순행을 목격했을 가능성은 상당히 높다고 봐도 좋다.

10종의 죽간 서책 가운데 이 『편년기』와 하루의 길흉을 예견하는 점술책 『일서』 갑종 및 을종 이외에는 모두 진의 법률 관련 자료이며, 앞서 서술하였듯 모두 희가 치옥治獄* 직무를 수행하는 중에 늘 참조했던 지침서였다.

진 제국의 허상과 실상

시황제와 동시대의 자료

수호지 진간의 발견 의의는 무엇보다도 시황제와 동시대의 자료가 출현했다는 점이다.

중국사 최초의 통일 제국이었던 진은 불과 15년 단명으로 끝났지만 '황제'의 칭호가 상징하듯이 이후 중국 세계에 막대한 영향을 주었다. 진의 역사에 대해서는 이제까지 주로 『사기』를 중심으로 연구되어 왔지만, 사마천이라는 한대인漢代人이 기술한 역사라는 넘기 어려운 한계가 없지 않았다. 이 한계를 넘어 2,200년 전 시황제 시대의 역사를

---

* 옥사를 다스리는 관리.

『편년기』에 보이는
"지금, 안륙을 지나다
〔今過安陸〕"

수호지 진간, 호북성박물관 소장.
왼쪽부터 『어서』 『진률십팔종』 『효율』 『진률잡초』

동시대 자료로써 분명히 밝히고 싶은 연구자들의 꿈이, 수호지 진간의 발견 덕분에 실현 가능해진 것이다.

진과 시황제의 실상

수호지 진간의 연구를 통해 드디어 법치국가로서 진의 구체적인 통치 모습이 명확히 드러났다. 그 결과 분서갱유로 상징되는 잔혹 무도한 시황제의 모습, 치열하고 가혹한 정치, 도탄에 빠진 민생, 고통스러워하는 민중 등 그간 획일적이던 진의 통치 모습을 크게 수정할 수 있었다. 예를 들어 에토 모토오工藤元男는 지방 풍습을 허용하면서 중앙 법률이 자연스레 스며들기를 도모하는 모습과 반대로 일원적 지배를 지향하는 모습, 양쪽 모두를 반영한 자료가 수호지 진간에 함께 존재하는 점에 주목하였다. 진에서는 지방 풍습을 허용하는 유연한 법치주의에서 일원적 지배를 지향하는 경직된 법치주의로 변화를 꾀했고, 희가 관리로서 살았

수호지 진간,
왼쪽부터 「법률답문」 「봉진식」 「위리지도」

던 시대가 마침 그 전환기였기에 두 모습이 죽간에 병존한다고 에토 모토오는 추정하였다. [1]

한편 유아사 구니히로湯淺邦弘는 백성에게 유연하게 대응할 것을 언급한 『위리지도』와 지방 풍습을 악습으로 규정하고 강경한 법치를 선언한 『어서』라는 양립하기 어려운 성격의 두 자료가 치옥 직무에 종사하는 희의 수중에 있었음을 주목하였다. 법치에 따라 군주 권력을 철저히 강화하려는 중앙 정부와 쉽게 바뀌지 않으려는 점령 지역 풍습 사이 마찰을 해소하는 일은 진의 국가적인 문제였다. 이러한 모순이 해결되지 않은 상황에서 희와 같은 말단 관리들이 이러한 문제들을 맡았던 것이다. [2]

두 견해의 차이점, 즉 수호지 진간 각 자료의 성립 시기나 이것이 실

시황제

무 장소에서 구체적으로 어떻게 사용되어 왔는지 등은 향후 신중한 검토가 필요하다. 하지만 어쨌든 이러한 지적을 통해 시황제의 절대 권력을 뒷받침하는 흔들림 없는 진 제국의 모습이 아니라, 상상을 초월하는 광대한 영역과 그곳에 존재하는 다원적 세계를 법치에 따라 통일하고 유지하고자 고심하던 진 제국의 모습이 확인되었다.

『사기』「진시황본기」에는 시황제로부터 불로장생의 신령한 약초를 구해오라고 명을 받은 방술사 후생侯生과 노생盧生이 신변의 위험을 느끼고 도망할 때 남긴 말이 기술되어 있는데 다음과 같다.

> 천하의 모든 것은 크고 작음으로 구별되는 게 아니고, 주상(시황제)에 의해 모든 것이 결정된다. 주상은 저울로 서류의 무게를 재어 낮과 밤의 기준량을 정하고 그 기준량을 달성하지 못하면 휴식도 허용하지 않았다. 이처럼 권세를 탐하는 자에게 신령한 약초를 구해 주는 일은 도저히 할 수 없다.

이 말은 제멋대로 권세를 휘두르는 독재자 시황제를 비방하는 말이지만, 앞서 서술한 수호지 진간을 통해 알려진 구체적 통치 현실과 비교해 보면 더 흥미롭다. 강대한 권력의 유일 절대 군주를 근간으로 하는 진 통치 체제의 취약한 면 그리고 진 제국과 시황제의 비극적인 말로를 암시하고 있다고 느껴지지 않는가?

진 예서와 그 기원

다음으로 수호지 진간의 문자에 주목하여 서도사와 문자학 측면에서 그 의의를 살펴보자.

20세기에 출토된 문자 자료의 특징 중 하나가 죽간이나 목간 등의

니아 진간

간독에 필사된 필기 자료의 발견이다. 먼저 간략하게 20세기 간독 발견의 역사를 살펴보자. 우선 제일 처음으로 발견된 간독은 1901년 신강성新疆省의 니아尼雅 유적에서 진대의 간독이 발견되었고, 그다음은 1907년 감숙성甘肅省 소륵하疏勒河 유역의 흉노 방위선 유적에서 한대의 간독이 발견되었다. 이들은 모두 건물·망루·성벽 등 야외에서 발견된 반면, 1951년에는 호남성湖南省 장사시長沙市 오리패五里牌의 전국 시대 묘에서 부장된 초나라의 죽간이 출토되었다.

이처럼 1950년대까지 진간晉簡, 한간漢簡, 전국 초간戰國楚簡 등 각 시대의 간독 자료가 계속해서 발견되었다. 이후에도 자료 수는 증가했지만 진대의 간독 자료는 1970년대에 들어서부터 예전만큼 발견되지 않아 진대 필기문자의 실태는 불명확한 채로 남아 있었다.

진대의 필기문자

진 시황제 시대의 문자에 대해서는 후한의 허신이 저술한 『설문해자』서문의 다음 기술이 유명하다.

진 시황제가 처음 천하를 통일했다. …… 이때, 진은 경서를 불에 태워 버리고 고전도 깨끗이 없애고 많은 관리를 몰아내고 법률에 어긋난 자를 국경 경비로 보냈기 때문에, 관옥

(재판) 업무가 많아져 처음으로 예서가 생겨나 간소화되었다. 이로 인해 고문古文은 사라져 버렸다. 진의 글씨〔書〕에는 팔체八体가 있었는데, 대전大篆, 소전小篆, 각부刻符, 충서虫書, 모인摹印, 서서署書, 수서殳書, 예서隸書라고 한다.

시황제의 통일 정책으로 많은 죄인이 발생하여 재판 관련 문서와 실무가 급했기 때문에 처음으로 예서가 생겨났다는 설명이다. 즉 진의 예서는 시황제의 천하 통일(기원전 221)과 함께 태어났고 진의 정체正体인 소전이 간소화되어 한의 정체인 한예漢隸로 전개되는 과도기에 있었기에, 서체 변천사에 있어 그 의미가 매우 중요하였다.

수호지 진간 발견 이전에도 니시카와 야스시西川寧가 「진의 예서」[3]에서 권량權量*이나 조판詔版**에 보이는 직선적이면서 간소화된 문자를 통해 진예의 실태를 명확히 밝히고자 시도한 바가 있다. 그러나 『설문해자』가 말하는 진의 예서는 간독에 필사된 문자를 가리키는데 권량의 문자와는 소재가 달라 그 차이를 고려해야 하는 문제가 있었다. 이러한 이유에서 진의 소전과 한의 예서를 연결하는 고리로서, 간독에 필사된 진의 예서 발견에 기대가 컸던 것이다.

---

* 저울이나 추와 같은 도량형 기구.

** 황제의 조서를 기록한 문서.

二世詔版 八

二世詔版 九

진 예서

1975년 12월, 수호지 진간의 발견으로 드디어 『설문해자』 서문에 기록된 진 예서의 실체를 눈으로 처음 볼 수 있게 되었다.

앞서 설명했듯 수호지 11호 무덤에서 출토된 진간은 내용상 10종으로 분류되고 서체 모양도 서로 다르지만, 힘 있게 시작한 다음 자연스럽게 옆으로 뻗는 일정한 굵기의 평평한 필획을 기본으로 하여 전체적으로 반듯하고 절도 있는 모양은 공통적인 특징이다. 한 예서와는 전혀 다른 서체 양식이다.

한편 일부는 옆으로 긋는 획을 마무리할 때, 살짝 끌어 올리듯 흐르게 뻗어 쓰는 필법인 파책波磔이 엿보인다. 이는 한 예서에서 보이는 장식적인 파책인 팔분八分** 양식의 맹아로 보여 과도기의 증거라 할 만하다.

간략화라는 측면에서 보면 '언言'처럼 소전과 한예의 과도기적 사례가 드물게 나타나지만, 전체적으로는 소전보다 한예에 상당히 가깝다. 예를 들면 삼수변〔氵〕이 붙는 60자가량 문자 중에 소전의 '巛'는 『어서』에 나오는 '강江' 한 가지 예만 있고, 다른 모든 문자는 한 예서의 '氵'로 쓰여 있다. 이처럼 수호지 진간의

수호지 진간에 보이는
파책의 맹아.
『진률잡초』 중에서

---

* 돌 등에 새긴 황제의 조서를 탁본한 것.

** 문자가 팔八 자처럼 좌우로 퍼져 나가는 형세를 띤다는 의미.

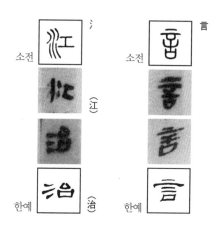

수호지 진간 소전과 한 예서 비교

문자는 간략화가 이미 상당히 진척된 단계다.

또한 진에서 널리 통용된 것은 예서이며 소전은 진시황 각석刻石*처럼 황제나 국가와 직접 관련된 기념비 등에 극히 한정된 용도로 쓰인 문자였음이 새롭게 확인되었다.

그렇다면 수호지 진간에 보이는 진 예서의 양식은 언제, 어떻게 성립된 것일까? 이 문제에 대해 주목할 자료가 1979년 사천성四川省 청천현靑川縣 학가평郝家坪 진묘에서 출토된 청천 목독木牘**이다. 청천 목독은 진 무왕 2~4년(기원전 309~307)에 만든 '전율田律***'에 관한 문서이

---

* 글자나 무늬를 새긴 돌.

** 죽간과 함께 문자 기록을 위해 사용하던 나무 조각.

*** 농전農田의 관리, 농민 생활의 규제 등 농업 생산의 관리에 관한 규정으로 6개 조
   문으로 구성되어 있다.

며, 현재 전국 시대 중기에서 후기에 걸친 진간 문자의 실태를 보여주는 유일한 자료. 청천 목독과 수호지 진간 사이에는 거의 100년이라는 시간적 차이가 있지만, 청천 목독에서도 수호지 진간과 유사한 곧고 평평한 필획에 반듯한 글자체가 명확히 나타나므로 양자는 자형이나 양식 면에서 거의 시대차를 인정하기 어려울 만큼 가깝다고 볼 수 있다. 예를 들면 청천 목독에 보이는 '파波'와 '진津'은 현재 쓰이는 삼수변〔氵〕의 가장 오래된 사례이며, 전국 시대 중기부터 후기에 걸친 초간에 모두 '〈〈〈'이 쓰인 것과 대조적이다.

진시황이 세운 태산 각석

청천 목독은 시황제보다 100년 전 전국 시대 후기에 이미 진에서 예서가 통용된 점을 명확히 보여준다. 그 결과 이전까지 통설로서 예서가 시황제의 천하통일과 더불어 생겨났다던 『설문해자』서문의 기술은 오류로 밝혀졌다.

문자와 행정

『설문해자』서문의 오류에도 불구하고, 예서의 탄생을 재판 관련 실무의 번잡함과 관련하여 설명한 점은 분명한 사

一波

一津

청천 목독, 사천성문물보관위원회 소장

실로 보인다. 법치국가를 추구한 진에서는 대량의 행정 문서 유통이
필요했고 그를 위해 기능적이고 간략한 서체의 정비가 불가피했다.
그것은 오늘날의 정보통신 혁명에 필적하는 일이었을 터다. 전국 시
대 진이 다른 열국보다 앞서 예서 혁명을 추진하고 법치국가를 건설
했기에 결국은 제국을 병합할 수 있었던 것은 아닐까?

그 시대에 대해서는 이후 새로운 자료가 나와 새로운 연구가 진전
되기를 기다릴 수밖에 없지만, 청천 목독 연대와 관련하여 억측을 해
보자면 기본적인 진의 법치제도가 정비된 기원전 4세기 중반의 상앙
변법商鞅變法이 그 유력한 후보가 아닐까 생각한다.

소생하는 한대
학술의 세계

마왕퇴 한묘 백서

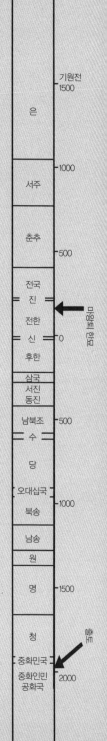

살아 있는 듯한 2,100년 전 미라의 발견으로 세계적인 돌풍을 일으킨 마왕퇴 1호 한묘. 그 이듬해인 1973년에는 인접한 3호 한묘에서 흰 비단에 쓰인 기록물(백서)이 대량 발견되어 의약·천문·군사·사상 등 다방면에 걸친 당시 학술의 실태가 명백히 밝혀졌다.

호남성
장사시 마왕퇴

마왕퇴 한묘 발굴

미라 전설

전한前漢의 광천왕廣川王 거질去疾은 불량소년들을 모아서 부장된 보물을 노리고 관할 지역 안 귀인의 무덤을 도둑질하고 다녔다. 그러던 언젠가 전국 시대 위나라 왕자 단거旦渠의 무덤에 몰래 들어갔더니, 관은 없고 돌로 만든 침대와 가로 6척(180센티미터) 높이 1장(3미터)의 돌병풍이 있고 침대 밑에는 돌비늘이 두껍게 깔려 있었다. 침대 위에는 20세 정도로 보이는 옷 입지 않은 남녀 두 사람의 유체遺體가 동쪽으로 머리를 두고 누워 있는데, 피부와 얼굴색은 살아 있는 듯하고 머리카락과 치아나 손톱도 그대로였다. 거질은 그 모습에 두려움을 느껴 묘실의 문을 닫고 달아났다.

이것은 전한 시대 유흠劉歆의 『서경잡기西京雜記』 권6에 담긴 이야기다. 이외에도 무덤 안으로 들어간 도굴범이 마치 살아있는 듯한 유체

마왕퇴 1호 한묘의 묘갱

를 목격했다는 이야기는 중국 문헌에 적지 않게 발견된다. 그리고 이러한 기술이 결코 황당무계한 괴담이 아니었다는 것이 발굴 조사를 통해 확실해졌다.

마왕퇴 한묘의 기적

중국 호남성 장사시 동쪽 교외, 시의 중심부에서 4킬로미터 정도 떨어진 곳에 마왕퇴馬王堆라 불리는, 동서로 나란히 두 개의 무덤이 있었다. 1971년 말 병원 건설 공사를 하다가 동쪽 무덤까지 영향이 미치자 갑작스럽게 1972년 1월부터 4월에 걸쳐 호남성박물관에서 발굴 조사를 진행했다. 이것이 마왕퇴 1호 한묘漢墓의 발굴이다.

　1호 묘에서는 간독·직물·칠기·죽목기·도기·악기 등 1,000점이 넘는 귀중한 부장품이 출토되었는데, 무엇보다도 연구자를 놀라게 한 사실은 4중으로 된 관에 안치된 부인의 유체가 2,100년 전에 매장된 것임에도 불구하고 전혀 부패하지 않고 피부는 탄력이 있어 정말로 '살아 있는 듯한' 상태로 발견된 점이었다. 이 발견은 '마왕퇴 한묘의 기적'으로 언론에 크게 보도되어 세계적인 주목을 받았다.

　이어서 1973년 11월부터 12월에는 1호 묘 남쪽에 인접한 3호 묘를, 1973년 12월부터 1974년 1월에는 서쪽 무덤에 해당하는 2호 묘를 발굴 조사하였다. 이들 마왕퇴 한묘 세 기를 발굴 조사한 결과 1호 묘에서는 '대후가軑侯家'와 '대후가승軑侯家丞'이라고 적힌 명문 및 봉니封泥*

＊ 고대 중국의 죽간이나 목간에서 공문서나 서신, 기물 등을 봉할 때 사용하는 인장
　이 찍힌 진흙 덩어리를 말한다.

부인의 유체

관

1호 묘에서 출토된 악기

1호 묘에서 출토된 죽간

1호 묘에서 출토된 칠기 2종

가, 2호 묘에서는 '이창利蒼' '대후지인軑侯之印' '장사승상長沙丞相'이라는 인장이, 3호 묘에서는 '십이년이월 을사삭무진十二年二月 乙巳朔戊辰'이라는 묘장 연대를 표시한 목독 등이 출토되었다. 이것이 결정적인 단서가 되어 2호 묘주는 장사의 승상으로 초대 대후에 임명된 이창(여후呂后 2년 기원전 186년 사망), 3호 묘주는 이창의 아들로 2대 대후인 이희利狶의 형제(문제文帝 12년 기원전 168년 사망), 그리고 1호 묘의 부인은 이창의 부인(문제 12년 이후 몇 년 뒤에 사망)인 것으로 판명되었다.

2호 묘는 도굴을 많이 당한 탓에 앞서 말한 3개의 인장 외에는 중요한 출토품이 없었으나, 3호 묘에서는 간독·병기·악기·칠기·직물 등 1호 묘에 필적하는 1,000점 이상의 귀중한 부장품이 출토되었다. 그 중에서도 '백서帛書'라 불리는 비단(겸백縑帛)에 쓰인 대량의 서책은 중국 고대 학술사 연구에서 유례가 없던 매우 귀중한 발견이었다.

1호 묘에서 출토된 봉니에 새긴 '대후가승'(왼쪽), 1호 묘에서 출토된 칠기에 새긴 '대후가'(오른쪽)

중국 고대 과학사에서의 대발견

풍부하고 다채로운 백서의 내용

마왕퇴 3호 한묘에서 출토된 백서는 관 동쪽에 놓인 세로 60센티미터 · 가로 30센티미터 · 높이 20센티미터의 장방형 옻칠 상자 속에서 발견되었다. 상자 내부는 다섯 부분으로 나뉘어 그중 한 구획에 백서가 접힌 상태로 담겨 있었다. 또 다른 구획에 담긴 두 개의 두루마리 목간 밑에서도 길고 가는 목편에 감긴 상태로 백서가 발견되었다. 개어 접힌 백서는 세로 길이 48센티미터 정도로 가장자리 부분이 찢어져 파손되었고, 나무에 감긴 백서는 세로 길이 24센티미터 정도로 접착 때문에 꽤 파손된 상태였으나, 중국 연구자의 노력으로 정리와 해독 작업을 거쳐 마왕퇴 백서의 풍부하고 다채로운 모습이 보다 분명해졌다. 그 내용은 다음과 같다.

2호 묘에서 출토된 인장. 오른쪽부터 '장사승상' '이창' '대후지인'

3호 묘에서 출토된 목
간에 '십이년이월 을사
삭무진' 기년이 보인다.

1. 육예류六藝類 / 유가 경전과 관련된 문헌

   (1) 『주역周易』(『육십사괘六十四卦』『계사繫辭』『요

      要』*『무화繆和』『소력昭力』*『이삼자二三子』

      『역지의易之義』)

   (2) 『춘추사어春秋事語』

   (3) 『전국종횡가서戰國縱橫家書』

   (4) 『상복도喪服圖』

2. 제자류諸子類 / 제자백가와 관련된 문헌

   (5) 『노자老子』(갑본), 권후고일서사종卷後古佚書

      四種(『오행五行』『구주九主』『명군名君』『덕성德

      星』)

   (6) 『구주도九主圖』

   (7) 『노자老子』(을본), 권전고일서사종卷前古佚書

      四種(『경법經法』*『십육경十六經』*『칭稱』*『도

      원道原』*)

3. 병서류兵書類 / 군사와 관련된 문헌

   (8) 『형덕刑德』(갑편·을편)

   (9) 『형덕刑德』(병편)

4. 수술류數術類 / 점술과 관련된 문헌

3호 묘에서 출토된 백서『전국종횡가서』

(10) 『오성점五星占』

(11) 『천문기상잡점天文氣象雜占』

(12) 『식법式法』(옛 이름 『전서음양오행篆書陰陽五行』)

(13) 『예서음양오행隷書陰陽五行』

(14) 『목인점木人占』

(15) 『부정符淨』

(16) 『신도神圖』

(17) 『축성도築城圖』

(18) 『원침도園寢圖』

(19) 『상마경相馬經』

5. 방술류方術類 / 의술과 관련된 문헌

(20) 『오십이병방五十二病方』, 권전고일서사종卷前古佚書四種(『족

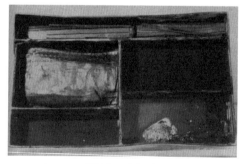

백서 출토 당시 모습

비십일맥구경足臂十一脈灸經』『음양십일맥구경陰陽十一脈灸

經』(갑본)『맥법脈法』『음양맥사후陰陽脈死候』)

(21)『태산서胎産書』

(22)『양생방養生方』

(23)『잡요방雜療方』

(24)『도인도導引圖』, 권전고일서이종卷前古佚書二種(『각곡식기편却

穀食氣篇』『음양십일맥구경陰陽十一脈灸經』(을본)

6. 그 외

(25)『장사국남부도長沙國南部圖』

(26)『주군도駐軍圖』

이상은 1979년 6월 미국 스탠퍼드대학에서 개최된 '마왕퇴 백서 공

작회의工作會議'에 제출된 이학근李學勤(리쉐친)의 분류[1]에 따른 것이다.

(1)부터 (6)까지의 육예류나 제자류라는 항목명은 한대의 도서 목록

인『한서漢書』「예문지藝文志」의 분류를 근거로 했다. 이중 (1)의『주역』

(『육십사괘』『계사』)과 (5)(7)의『노자』(갑본·을본)는 전해오는 문헌 자료에

의해 알려져 있었으나 그 밖에는 모두 알 수 없는 문헌, 즉 이른바 일

서였다. *를 붙인 6건 문헌 외에는 제목이 적혀 있지 않았으며 여기 쓴

이름은 내용 면에서 임시로 붙인 것으로, (12)『식법』처럼 연구가 진전

됨에 따라 나중에 이름을 바꾼 예도 있다.

풍부한 과학사 자료

마왕퇴 한묘 백서 가운데 일반인에게는 유명한 『노자』가 친숙할 텐데, 백서 전체를 보았을 때 주목할 부분은 ⑷수술류와 ⑸방술류에 속하는 문헌이 전체의 반 이상을 차지하는 점이다. 항목에 표시하였듯 수술류는 점술에 방술류는 의술에 관련되는 문헌으로, 후대 천문학·역학·의학·약학 등 중국 모든 과학의 원형이라 할 수 있다. 즉 마왕퇴 한묘 백서는 사상사뿐 아니라 과학사 면에서도 획기적인 의의를 지닌 발견이었다.

다음으로 수술류 가운데 ⑾『천문기상잡점』의 내용 일부를 소개하겠다.

『천문기상잡점』과 망기술

홍문에서의 만남과 망기술

『사기』「항우본기」에는 패수霸水에 자리 잡은 패공(유방)의 10만 군사와 맞서 홍문鴻門에 40만 군사의 진을 친 항우에게 참모인 범증이 설득하는 대목이 있다.

패공은 산동에 있을 때 재물을 탐하고 미인을 가까이했으나, 지금 관중에 들어와서는 재물은 취하지 않고 여인을 전혀 가까이하지 않습니다. 이것은 그 뜻이 작지 않음을 의미합니다. 내가 사람을 보내어 패공의 기운을 보게 하였더니, 용과 호랑이의 모습을 하고 오색으로 빛나고 있었습니다. 이것은 천자의 기운입니다. 빨리 공격하여 기회를 놓쳐서는 안 됩니다.

이러한 진언에도 불구하고 항우는 절호의 기회였던 홍문 회합에서도 끝내 패공을 살해하지 못하였고, 결국 범증의 두려움은 현실이 되었다.

범증의 발언에서 주목할 것은 기운[氣]을 보는[望] 일로 미래를 점치는 망기술에 관한 언급이다. '기'는 중국 사상사에서 중요한 용어다. 사람과 그를 둘러싼 천지 사이를 기가 순환하므로 인체가 발하는 외기와 구름 형태인 운기 그리고 해와 달과 천체를 관측하면 미래를 예지할 수 있다고 여겼다. 이러한 여러 망기술은 이미 알려진 문헌 자료에서도 전하고 있긴 한데, 그 구체적인 자료로는 당나라 말기 오대五代의 서사로 추정되는 돈황敦煌 문서 「점운기서占雲氣書」의 남은 일부분 외에는 거의 없었다. 마왕퇴 한묘에서 새로 출토된 『천문기상잡점』은 전국 시대부터 한초漢初에 걸친 망기술의 실제를 보여주는 귀중한 자료임과 동시에 중국 고대의 '기' 연구에서도 더없이 중요한 의의를 지닌 것이었다.

『천문기상잡점』

『천문기상잡점』은 세로 48센티미터에 가로 150센티미터의 백서로 전체가 6열이고 구름[雲]·대기[氣]·빛무리[暈]·무지개[虹] 등의 기상 현상과 달[月]·별[星]·꼬리별[彗星] 등의 천문 현상이 먹과 붉은 안료로 그려져, 각각의 그림 아래에는 그 현상이 나타나면 어떤 일이 일어나는지 점괘의 말[占辭]이 적혀 있다. 백서는 동물이나 새 모양 구름, 달무리와 해무리가 어린 해와 달, 길게 꼬리를 끄는 세상에서 가장 오래된 혜성도 등 다종다양한 그림으로 가득 차 있다. 여기에서는 구체적으로 제1열에서 제2열에 걸쳐 적힌 운기를 살펴보자. [2]

제1열은 우선 여러 모양으로 그려진 구름 그림 아래에 오른쪽에서 왼쪽으로 '초운楚雲, 태양처럼 희다' '조운趙雲' '중산운中山雲' '연운燕雲' '진운秦雲' '융운戎雲' '촉운蜀雲' '한운韓雲' '위운魏雲' '위운衛雲' '주운周雲' '송운末雲' '제운齊雲' '월운越雲'으로 나라별 구름의 이름이 적혀 있다. 이어서 이번에는 다른 구름 그림이 그려지고 각각의 밑에 이 구름이 나타나면 어떤 일이 일어나는지 점사가 기록되고 그대로 제2열로 이어진다. 예를 들면 제2열의 오른쪽부터 차례로 여섯 번째까지의 구름 그림에 부여된 점사를 열거하면 다음과 같다.

소와 같은 형태의 구름이 10개 있는데 타인의 분야分野*로 들어가면 5일 만에 영지를 잃는다.

빛무리(달무리, 해무리)가 있는 곳에서는 군대가 패하고 그 나라 소유지가 손상을 입는다.

---

* 고대 중국에서 전 국토를 하늘의 28수宿 별자리에 대응하여 나눈 천상천하 구분.

『천문기상잡점』

이와 같은 구름이 있으면 싸움은 방위를 얻은* 자가 이긴다.

이와 같은 구름이 있으면 싸움은 이긴다.

이와 같은 구름이 있으면 싸움은 방위를 얻은 자가 이긴다.

구름이 천막의 앞 쪽에 있으면 방위를 얻은 자가 이기고 평화로운 상태가 된다.

전쟁과 점

앞서 매우 일부에 불과한 인용에서도 엿볼 수 있듯이 『천문기상잡점』의 점사는 대부분 군사와 관련된 점이 많다. 이에 대하여 사카데 요시노부坂出祥伸는 「망기술의 여러 가지望氣術のさまざま」[3]에서 다음과 같이 말하였다.

망기술은 점풍占風·점성占星과 함께 춘추 전국 시대에 급속하게 발달하여 왕궁의 관상대(영대靈臺)에서 운기의 관측을 행함과 동시에 군대가 출동하는 경우에는 천문을 잘 아는 사람 3인이 수행하여 최전선에서 적과 아군 양쪽 진영의 기운을 관측하였다. 이러한 경우에 참고하는 일종의 설명서로 마왕퇴 한묘에서 출토된 「천문기상잡점」과 「돈황석실소출점운기서잔권敦煌石室所出占雲氣書殘卷」처럼 그림과 해설이 첨부된 지침이 작성되었다고 추측하고자 한다.

---

* 오행 천간의 방향이 좋다는 뜻.

『천문기상잡점』

이 장 첫머리에 소개한 패공의 망기도 애초에 항우 군을 승리로 이끌기 위한 범증의 군사적 의도에서 비롯한 일이며 망기술이 춘추 전국 시대에 급속한 발달을 이룬 시대 상황 등을 고려할 때, 천문 기상에 관한 점서는 주로 군사에 이용되었다고 보는 사카데 요시노부의 견해는 지극히 타당해 보인다. 현대적으로 말하자면 망기술은 점성술 등과 함께 춘추 전국 시대의 전란과 공방 속에서 적국의 정세와 전쟁의 전개를 사전에 헤아리기 위하여 생겨난 당시로서는 첨단 기술이었던 것이다. 『천문기상잡점』의 첫머리에 여러 나라의 이름을 붙인 구름 그림이 열거된 이유도 필시 그러한 군사적 성격과 무관하지는 않을 것이다.

『천문기상잡점』의 여러 그림을 보면서 필자는 문득 지구 주위를 돌고 있는 군사 위성을 떠올렸다. 물론 현대 과학 기술의 정수를 모은 군사 위성에 비하면 망기술과 점성술은 근대 과학 이전 주술의 범주를 넘어서지 못했다. 하지만 양자의 배후에 있는 인간의 본성은 2,000년을 넘는 세월에도 전혀 바뀌지 않은 것이다.

진말·한초 필기문자의 다양한 실태

필기문자의 견본

서도사 및 문자학 면에서 마왕퇴 한묘 백서의 의의를 한마디로 정리하면, 진말부터 한초에 걸친 필기문자 견본으로서의 면모다. 물론 마왕퇴 한묘 백서가 당시 존재하던 서체 전부를 망라했다고 할 수는 없지만, 백서에 담긴 다양한 서체는 전국 시대부터 진한 시대에 이르기까지 필기문자의 변천을 고찰하는 하나의 기준이 된다.

마왕퇴 한묘 백서의 서체에 관해서는 『노자』(을본)으로 대표되는 정돈되고 가지런한 서체, 『노자』(갑본)으로 대표되는 약간 어수선한 서체, 『오십이병방』으로 대표되는 전서의 흔적이 남은 서체, 이렇게 셋으로 나누는 설이 일반적이다.

이러한 분류는 합당하지만 각기 명칭에 관해서는 전자를 예서계, 후자 둘을 전서계로 하자는 입장[4]과 각각 한예漢隷, 고예古隷, 전예篆隷로 하자는 입장[5] 등 논자에 따라 의견이 다르다. 전서·예서라는 명칭은 원래 돌에 새긴 석각 자료에서 볼 수 있는 전형적인 서체를 가리키는 말이었고, 특히 양자의 과도기에 놓인 필기 자료에 적용하자면 사실 오해와 혼란을 초래할 우려가 크다.

세 종의 분류

이런 까닭에 종래의 분류를 근거로 하여 여기서는 정돈된 서체를 제1류, 약간 어수선한 서체를 제2류, 전서의 흔적이 남은 서체를 제3류로 구분하기로 하자. 또한 백서의 형태(세로 길이)와 서체와의 관계를 보아 제3류를 다시 셋으로 구분한 필자의 생각을 정리하면 다음과 같다.

제1류

『주역』『육십사괘』『계사』『요』『무화』『소력』『이삼자』『역지의』

『노자』(을본), 권전고일서사종

『상마경』

『오성점』

『형덕』(을편)

제2류

『노자』(갑본), 권후고일서사종

『춘추사어』

『장사국남부도』

왼쪽부터 제1류 『노자』(을본), 제2류 『노자』(갑본), 제3류 『오십이병방』

『주군도』

『도인도』, 권전고일서이종

제3류

3-①

『전국종횡가서』

『형덕』(갑편)

『형덕』(병편)

『예서음양오행』

『천문기상잡점』

3-②

『오십이병방』, 권전고일서사종

『양생방』

3-③

『식법』(옛 이름 『전서음양오행』)

우선 양해를 구해야겠다. 제1류와 제2류는 같은 서사자라고 볼 수 있을 만큼 긴밀한 공통성을 보이는 데 반해, 제3류는 전체적으로 긴밀한 공통성을 발견하기가 어렵다. 예를 들면 3-①과 3-②는 서풍書風의 차이가 보이지만 세로 길이의 구성이나 가는 선의 붓 그림에 있어 공통된 특색이 인정된다. 이에 대해 3-③은 다시 설명하겠지만, 글자의 형태와 양식 두 측면에서 ①과 ②와는 명확하게 다르다. 즉 제1류와 제2류는 각각 내력이 같을 가능성이 크지만 제3류는 내력이 전혀 다른 자료가 혼재한 상황을 감안해야 한다.

　각 분류의 서사 연대에 관해 살펴보자. 우선 제1류『노자』(을본), 권 전고일서사종의 서사 연대는 황제의 이름을 피한 피휘자避諱字 분석*에 따라 혜제 즉위 후(기원전 194)부터 문제 즉위 전(기원전 180)으로 추정된다. 『오성점』은 진시황 원년(기원전 246)에서 전한 문제 3년(기원전

---

* 공경과 삼가는 뜻을 표시하기 위해 획의 일부를 생략하거나 뜻이 통하는 다른 글자로 대치하는 것으로 왕의 이름자를 사용할 수 없도록 한 국휘國諱가 가장 일반적인 조치다.

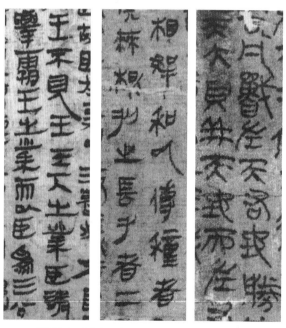

왼쪽부터 3-① 『전국종횡가서』, 3-② 『양생방』, 3-③ 『식법』

177)까지 오성의 운행 주기를 기록하고 있는 점 등에서 기원전 2세기 전반의 서사로 간주된다.

제2류는 『노자』(갑본), 권후고일서사종 및 『춘추사어』의 서사 연대가 피휘자 분석에 의해 고조기(기원전 206~기원전 195)로 추정되어 기원전 3세기 말부터 기원전 2세기 전반의 서사로 간주된다.

제3류는 앞에서 말했듯 내력이 다른 자료가 섞여 있고, 더구나 연대(기년)나 피휘자 같은 연대 추정의 근거가 없는 자료도 있어서 제대로 파악하기가 매우 어렵다. 다만 『오십이병방』의 서사 연대는 진대에 사용한 문자가 인정되는 데다가 피휘자 분석을 통해 진한 무렵, 즉 기원전 3세기 말로 추정할 수 있었다. 『전국종횡가서』의 서사 연대가 피휘자 분석에 따라 혜제 즉위 후부터 문제 즉위 전으로 추정되는 것, 『형덕』(갑편) 안에 고조 11년(기원전 196)을 가리키는 "금황제십일년을사今皇帝十一年乙巳"라는 기술이 있는 것 등으로 미루어 대략 진한 무렵에서 고조·혜제 시대, 즉 기원전 3세기 말부터 기원전 2세기 전반으로 볼 수 있겠다.

같은 시기에 공존하는 다양한 서체

마왕퇴 한묘 백서의 서사 연대는 아주 대략적으로 봐서 기원전 3세기 말부터 기원전 2세기 전반으로 추정된다. 예를 들면 『노자』(을본)와 『전국종횡가서』처럼 언뜻 보기에는 시대에 따른 차이로 보이는 것도 실은 거의 같은 시기의 서사임을 알 수 있다. 결국 진말에서 한초에 걸쳐 다양한 서체가 공존한 것은 분명하다. 그렇다면 전국 시대에서 진한에 걸친 필기문자의 변천이라는 관점에서 이러한 상황을 어떻게 이해하면 좋을까.

에무라 하루키는 「전국진한 간독문자의 변천戰國秦漢簡牘文字の變遷」[6]에서 제1류를 "한의 공식적 서체", 제2류를 "당시 일상적으로 사용된 일반 서체"로 규정하고, 제3류에 관해서는 "진간과 마왕퇴의 문자 사이를 보충하는 것으로 생각되며 그중 2종의 의서醫書(『오십이병방』『족비십일맥구경』—인용자 주)는 진간에 가까운 시대에 서사되었다고 본다" 하고 지적하였다. 에무라의 견해를 근거로 한다면 제1류와 제2류는 당시 사용되던 서체에 속하며 제1류는 정서체正書體, 제2류는 통행체通行體로 규정할 수 있다. 반면 제3류는 당시로서도 구식인 고체古體에 속하는 것으로 추정된다.

여기서 제3류의 ③『식법』(옛 명칭 『전서음양오행』)과 전국 시대 초문자 사이에 긴밀한 연관성이 인정되는 점에 주목하자. 이와 관련하여 이학근은 『고문자학초계古文字學初階』[7]에서 이렇게 말하였다.

백서 문자에는 대부분 초나라의 고문을 쓰는 방식이 남아 있는데, 이 것은 아마도 진인의 글자체에 익숙하지 않은 초인이 서사한 것으로 보인다. 예를 들면 그중 한 절에는 여러 곳에 걸쳐 '좌左' 자가 나오는데 처음에는 '岩'라는 고문을 쓰고, 나중에는 진 문자인 '左'를 쓰고 있다. 같은 절에 '전戰' 자도 처음에는 '戩'이라는 고문을 쓰고, 다음 문장에는 다시 '戰'이라는 진 문자로 고쳐 쓴다.

이학근의 지적은 주로 글자 형태에 착목한 것이지만 『식법』에는 초
의 백서와 초간에서 항상 볼 수 있는 둥근 모양의 서체 양식이 명료하
게 드러나기 때문에 양식 면에서도 초문자와의 관련은 뚜렷하게 증명
된다.

진시황의 문자 통일로 인해 진 이외에 초를 비롯한 여섯 나라의 문
자는 완전히 없어졌다는 게 이전까지 통설이었다. 그런데 『식법』의
발견으로 한초에도 여전히 일부 지역에는 초문자가 확실히 남아 있었
음이 밝혀진 것이다.

이와 같이 마왕퇴 한묘 백서는 풍부한 자료를 근거로, 전국 시대에
서 진의 통일을 거쳐 한대로 이행하는 시기에 필기문자의 다양한 실
태를 보여주고 있다.

대나무와 비단에
쓰다

중국의 서적사·인쇄사·도서목록학 등에 세계적 권위자인 시카고대학 명예교수 전존훈錢存訓(첸춘신)의 대표 저서 가운데 시카고 대학에서 1962년에 출판한 『Written on Bamboo and Silk, The Beginning of Chinese Books and Inscriptions』가 있다. 이 책은 중국 서적사의 명저로서 일본어판 『중국 고대 서적사―죽백에 쓰다中國古代書籍史―竹帛に書す』[1]가 출간되었고 중국어판 역시 출판되었다. 일본어판 부제 '죽백에 쓰다'는 말할 것도 없이 원서 'Written on Bamboo and Silk'의 번역인데 원서의 그림에 게재된 『묵자』 권4 「겸애」의 다음 구절에서 따왔다.

子墨子曰, 吾非與之並世同時, 親聞其聲, 見其色也. 以其所書於竹帛, 鏤於金石, 琢於槃盂, 傳遺後世子孫者知之.

묵자가 말하기를 내가 이것과 세상에서 나란히 때를 같이하여 친하게 그 소리를 듣고 그 빛을 보니 틀림이 없다. 그래서 죽백에 쓰고 금석에 새기고 반우에 남기니 후세 자손에게 전하여 이를 알리라.

이 '죽백'이라는 말은 죽간竹簡과 겸백縑帛을 가리킨다. 서사 재료의 대명사로서 『묵자』 외에도 『한비자』「안위」 편, 『사기』「효문본기」, 『후한서』「등우전」 등 전국 시대부터 한대에 걸쳐 있는 자료에서 드문드문 보인다. 종이가 보급되기 이전 고대 중국에서는 죽간과 겸백이 문헌의 서사에 널리 쓰였던 것이다.

이와 관련하여 일본에서는 간독 자료의 호칭으로 '목간木簡'이란 말이 보급되었는데, 아마도 초기의 간독 연구에서 중심적 위치를 차지한 돈황 한간敦煌漢簡과 거연 한간居延漢簡의 대부분이 목간이었기 때문인 듯하다. 그러나 돈황 한간과 거연 한간에 목간이 널리 쓰인 데는 이유가 있다. 통지서나 장부 등 최전방 기지에서 행정 문서가 대부분을 차지하는 내용상의 문제 그리고 변방 사막 지대에서 구하기 쉬운 재료가 나무라는 식생 관련 현실 등 특별한 사정을 고려할 필요가 있다.

사실 전국 초간, 수호지 진간, 은작산 한간, 주마루 삼국오간 등 지금까지 출토된 간독 자료 대부분은 죽간이다. 이렇듯 수많은 출토를 통해 죽간이 서사 재료의 중심적 위치를 차지하는 점은 증명되었다.

한편 겸백에 쓰인 백서로는 1942년에 호남성 장사시 동쪽 근교 자탄고子彈庫의 전국 시대 초묘에서 도굴된 초 백서가 일찍부터 알려져 있었다. 이 초 백서는 열두 달 신상神像과 사계절 신수神樹를 배치하고 표제와 설명을 덧붙인 주술 문서로 추정된다. 그 외에는 돈황·거연·무위에서 전한 시대의 편지 몇 점이 출토된 것뿐이고, 죽백이라고 통칭하는데 죽간에 비해 백서의 출토 사례는 극히 적고 그 실태에 관해서는 거의 밝혀져 있지 않았다.

마왕퇴 3호 한묘의 백서 출토는 이러한 중국 고대 서적사의 공백을 메우는 중요한 발견이기도 했다. 그런데 죽간과 겸백은 그 용도에 본질적인 차이가 있었다. 죽간은 오로지 문자를 쓰기 위한 재료이고 겸백은 그림과 도형을 그리기 위한 것이었다. 이 점에 대해 진반陳槃(천반)은 「선진양한백서고先秦兩漢帛書考」[2]에서 이미 언급하였는데, 그 증거로 한대의 도서목록인 『한서』「예문지」 병서략兵書略의 예를 제시한다.

> 별성자망군기別成子望軍氣 6편 도3권
>
> 포자병법鮑子兵法 10편 도1권
>
> 오자서五子胥 10편 도1권

도3권, 도1권이라는 반고班固의 기록은 백서를 가리키며, 본문이 쓰인 죽간의 '편'에 반해 도형이 그려진 백서는 '권'이라고 구별하여 쓴 것이라고 밝히고 있다. 단 진반도 양해를 구하였듯이 이러한 구별은 『한서』「예문지」 전체에 해당하는 것은 아니며, 죽간의 기록물을 '권'으로 세는 예도 결코 적지 않다.

이렇게 보면 마왕퇴 한묘 백서 중 본문에서 소개한 『천문기상잡점』처럼 그림을 동반한 것이나 『도인도』『장사국남부도』『주군도』는 본래 백서의 대상이고, 『주역』『노자』 등 문자만으로 된 대부분 문헌은 오히려 죽간에 서사되는 것이 자연스러웠다고 할 수 있다.

그렇다면 왜 이들 문헌이 겸백에 쓰였는지 새삼스럽게 의문이 든다. 마왕퇴 1호 한묘가 발굴되었을 때 제후인 대후라고 보기에는 그

「도인도」

분묘와 부장품이 너무나도 호화로웠기에 묘주 부인이 장사왕의 부인이라는 견해도 있었다. 이 점을 함께 생각해 보면 부유한 대후가 자식들의 장서藏書는 오늘날 소장 가치 높은 초호화본처럼 죽간이 아니라 백서가 많았던 건 아니었을까.

잃어버린
『손자』의 발견

은작산 한묘 죽간

	기원전
은	1500
서주	1000
춘추	500
전국 진 전한 신 후한	0
삼국 서진 동진	
남북조 수	500
당	
오대십국 북송	1000
남송	
원	
명	1500
청 중화민국 중화인민공화국	2000

『손자』

은작산 한묘

출토

세계적 고전으로 유명한 『손자』. 그 작가라 여겨지는 인물은 손무와 손빈이라는

두 병법가였다. 『손자』의 작가는 과연 이 두 손자 중 누구인가?

1972년, 오랜 세월의 논쟁에 종지부를 찍은 죽간 『손자』가 전한 전기의 묘에서 발

견된다.

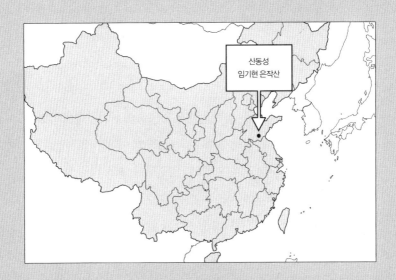

산동성
임기현 은작산

두 사람의 손자

『손자孫子』는 2,000년 넘게 계속 읽히며, 나폴레옹도 즐겨 읽은 세계적 고전이다. 일본에서 무사 다케다 신겐의 깃발 표지인 '풍림화산風林火山'이 『손자』에서 비롯한 사실은 이미 널리 알려졌으며, 오늘날에도 '손자' 이름을 붙인 처세술이나 비즈니스 전략 서적이 많이 출판되어 그 뿌리 깊은 인기를 엿볼 수가 있다.

이와 같이 저명한 『손자』인데, 작가에 관해서는 최근까지 여러 설이 분분한 상태가 지속되어 왔다. 가장 큰 원인은 작가로 추정되는 손자라는 인물이 역사상 두 사람 있었기 때문이다.

두 손자의 전기는 『사기』「손자오기열전孫子吳起列傳」에 등장하는데, 여기 그 대강의 내용을 소개하겠다.

손무의 전기

첫 번째 손자는 2,500여 년 전 춘추 시대 말기 오왕吳王 합려閩廬를 섬긴 손무孫武다.

오왕 합려와 만난 손무는 자신의 병법을 궁중의 미녀들한테 시험해 보도록 주문을 받는다. 그래서 손무는 180명의 미녀를 좌우 둘로 나누고 왕의 애첩 둘을 각각의 대장으로 임명하여, 북소리를 신호 삼아 일정한 동작을 취하도록 지시하고는 약속을 몇 번이나 확인한 후에 북소리 신호를 보냈다. 그러나 농담이라고 생각한 여인들은 북소리에 까르르 웃을 뿐이었다. 손무는 "약속이 철저하지 않고 명령이 구석구석 미치지 않는 것은 장군인 내 죄다" 하며 다시 반복해서 몇 번이나 확인하고 신호인 북을 쳤다. 그러나 여인들은 또다시 까르르 웃을 뿐이었다. 손무는 "약속이 철저하지 않고 명령이 구석구석 미치지 않는 것은 장군인 내 죄이나, 모든 것이 철저히 준비되었는데 정한 대로 하지 않는 것은 대장의 죄다" 하고는 좌우 대장을 칼로 베어 죽이려 했다.

이 모습을 높은 곳에서 보고 있던 오왕은 애첩이 죽게 될 것 같으니 당황하여 사자를 보내 멈추도록 시켰다. 하지만 손무는 "일단 임금의 명을 받은 장군이 군중과 있을 때는 설령 군주의 명령이어도 받들 수 없는 것이 있습니다" 하며, 결국 두 대장을 칼로 베어 죽여 본보기로 삼았다. 그리고 다음 미녀를 대장으로 임명하고 또 북을 치자, 여인들은 모두 정한 대로 정연하고 소리 내는 자가 아무도 없었다.

이렇게 해서 합려는 손무가 군대 지휘에 뛰어나다는 것을 알고 오의 장군으로 임명했다. 오가 강적인 초를 격파하여 영郢을 공격해 들어가기도 하고 제와 진晉에게 세력을 과시하며 제후들 사이에서 유명하게 된 것도 손무의 능력에 힘입은 바가 컸다.

손빈의 전기

두 번째 손자는 손무가 죽고 100년쯤 후의 자손으로, 전국 시대 중기에 제의 군사로 장군 전기田忌를 모시던 손빈孫臏이다.

손빈은 처음에 방연龐涓과 함께 병법을 배웠다. 방연은 위魏를 섬겨 혜왕의 장군이 되었는데 자신의 재능이 손빈에게 도저히 미치지 못함이 두려워, 손빈을 위나라로 초대하고 모함하여 양 다리를 절단하고 죄인 낙인을 찍어 죽이고자 했다. 손빈은 위를 방문한 제의 사자를 몰래 면회하여 사정을 말하고, 그의 재능을 알아 본 사자는 자신의 수레에 손빈을 몰래 태워 제로 데리고 돌아갔다.

그 후 손빈은 제의 장군인 전기의 군사가 되었고, 위에게 공격받은 조가 제에게 구원을 청해 왔을 때 계략을 꾸며 계릉桂陵에서 위군을 완전히 격파했다. 다시 13년 후 이번에는 위와 조가 한韓을 공격하여 한이 제에게 구원을 청해 오자, 전기가 장군이던 제의 군대는 방연이 없는 틈을 노려 위의 수도 양梁으로 진격했다. 한을 공격 중이던 위의 장군 방연은 그 소식을 듣자 곧 한에서 철수하여 위에 침입한 제군을 추격했다. 손빈은 제군을 겁쟁이라고 깔보는 위군의 심리를 거꾸로 이용하여, 야영 때마다 밥 짓는 아궁이의 수를 10만에서 5만으로 다시 3만으로 점점 줄여 탈주병이 속출하는 것처럼 보이게 했다. 아궁이의 흔적을 본 방연은 손빈의 책략에 감쪽같이 속아 주력인 보병 부대를 뒤에 남긴 채 정예 기병 부대만을 거느리고 밤낮을 가리지 않고 추적하였다.

손빈은 위군이 이동하는 거리를 계산하고, 한밤중에 마릉馬陵에 매복하여 석궁 1만 대로 일제히 사격을 시작했다. 위군은 대혼란에 빠지고 패배를 깨달은 방연은 자살하였으며, 손빈은 마침내 복수를 성취했다. 기세등등한 제군은 위군을 완전히 격파하여 개선하였고, 손빈의 명성은 천하에 널리 알려졌다.

두 종류의 『손자』

이상이 『사기』 「손자오기열전」에 보이는 두 손자에 대한 개략적인 전기다. 『사기』에는 오왕 합려가 손무와의 만남에서 "당신의 저서 13편을 나는 빠뜨리지 않고 읽었다"라고 말하는 대목이 있다. 사마천 자신도 "세간에서 군학軍學에 관하여 인용하는 경우, 『손자』 13편의 서책을 말하지 않는 사람은 없다"며, 손빈에 관하여 "오늘날까지 그의 병법서가 전해지고 있다"고 적고 있다.

또한 한대의 도서목록인 『한서』 「예문지」(병서략·병권모)에도 손무에 대한 「오손자병법 82편 도9권吳孫子兵法八十二篇圖九卷」과 손빈에 대한 「제손자 89편 도4권齊孫子八十九篇圖四卷」 두 종류의 『손자』가 기록되어 있어, 한대에는 두 손자에 의한 두 종류의 『손자』가 존재하였음을 알 수 있다.

그렇다면 현재 전해지고 있는 13편 『손자』와 이들 두 명의 손자 및 두 종류의 『손자』는 어떠한 관계인가, 이것이 오래도록 풀리지 않는 문제였다.

손무는 실재하지 않았다?

현행본 『손자』 편수가 『사기』 오왕 합려의 발언에 보이는 손무의 저서와 같은 13편인 점을 들어 현행본을 그대로 손무의 저작으로 인정하는 견해가 있었다. 그러나 동시에 『사기』에 보이는 '13편'과 『한서』 「예문지」의 '오손자병법 82편'이 편수에 차이가 있는 데다 손빈의 저작과의 관련 등 해결되지 않은 문제도 남아 있었다.

한편 역사 속 전투에 등장했기에 실재했는지 의문의 여지가 없는 손빈에 비해 손무는 『춘추좌씨전』 등의 선진 문헌에 그 이름이 보이지 않고, 공적에 있어서도 앞서 소개한 궁중 미녀를 상대로 한 일화 수준의 이야기밖에 없어 손무의 실재 그 자체를 의문시하는 설도 유력하였다. 그 결과 근래에는 현행본 13편 『손자』가 손빈의 저작이라는 설과 후세 사람의 위작이라는 설이 대세를 차지해, 손무 저작설은 거의 자취를 감춘 상태였다.

은작산 한묘 죽간 『손자』의 발견

1972년 4월, 산동성박물관과 임기문물조는 산동성山東省 임기현臨沂縣에 있는 은작산銀雀山 1호 한묘에서 대량의 죽간을 발굴했다. 묘장 연대는 함께 출토된 동전의 유통 시기로 미루어 전한 무제 시기 전반 무렵(기원전 140~118)으로 추정하였다. 출토된 죽간은 일부만 남은 것까지 포함하여 4,942매이고, 내용은 『손자병법』 『손빈병법』 『육도六韜』 『위료자尉繚子』 『안자晏子』 『수법수령등십삼편守法守令等十三篇』 등 병가兵家 문헌이 중심이었다. 함께 출토된 옻칠이 된 그릇(이배耳杯)의 밑바닥

'사마'라고 새겨진
칠기와 동전

에 '사마司馬' 두 글자가 새겨 있고, 많은 병서가 부장되어 있었음에도 무기는 한 점도 포함되지 않은 것으로 보아 묘주는 사마라는 성의 군사로 추정되었다.

13편『손자』의 작가

은작산 한묘 죽간의 출토는 중국 고대 병학兵學 사상 연구에 상당한 진전을 가져왔다. 그중에서도 특히 현행 13편『손자』에 해당하는 자료와 함께 지금까지 전혀 알려지지 않았던 손무와 손빈에 관한 병서가 발견된 점이 주목을 받았다. 그리고 이들 죽간의 발견 덕분에 오랜 동안 해결되지 않았던 13편『손자』의 작가를 둘러싼 논쟁은 종지부를 찍었다.

우선「제손자」에 속한다고 간주된『손빈병법』이 새로 발견되어서 『손빈병법』과 현행 13편『손자』와의 관계가 확실해졌고, 13편『손자』는 손무와 관계된「오손자병법」의 일부일 가능성이 높아졌다. 또한

은작산 1호 한묘 발굴 상황

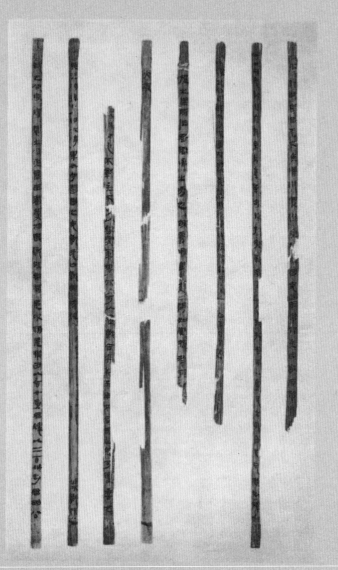

『손자병법』 산동성박물관 소장

현행 13편과 거의 일치하는 제목과 순서를 적은 목독이 출토되어, 한대 이전부터 13편『손자』가 하나의 종합적인 저작이었음이 증명되었다. 또한 13편『손자』이외에도「오손자병법」의 일부로 간주되는 손무에 관한 미지의 저작이 발견되어『사기』와『한서』「예문지」사이의 편수 차이 문제 또한 해결되었다. 이러한 죽간『손자』의 검토에 따라 지금까지의 통설과는 달리 현행본 13편『손자』는『사기』가 기록한 손무의 저작에 해당함이 증명된 것이다.

물론 죽간『손자』의 발견으로 13편『손자』에 관한 모든 문제가 눈 녹듯 풀린 것은 아니다. 가령 전한 전기에 조영된 한묘에서 출토된 13편『손자』가 전국 시기 이전에 완성되었다는 점은 거의 확실해졌지만, 그 상한을 언제로 설정할지에 대해서는 연구자마다 견해가 다르다. 또 죽간『손자』를 손무의 시대로부터 본다면

『손자』의 제목과 순서를 적은 목독

『손빈병법』

이미 400년 가까운 시간이 경과했으니, 원저와의 관계에 대해서도 당연히 검토가 필요하다.

하지만 한대 이후 오랫동안 없어졌던 『손빈병법』의 출현에 따라 13편 『손자』의 작가에 대한 수수께끼가 해명되고 두 명의 손자와 두 종류의 『손자』 사이 관계가 구체적으로 분명해지는 등 죽간 『손자』의 발견은 문자 그대로 획기적인 일이었다.

이제 죽간에 쓰인 문자로 눈을 돌려 서도사와 문자학에서 은작산 한묘 죽간의 의의를 살펴보기로 하자.

진에서 한으로, 필기문자의 연속성

전한 전기의 필기문자

서도사와 문자학 면에서 은작산 한묘 죽간의 의의로 가장 먼저 꼽을 수 있는 것은 한대, 특히 전한 전기의 필기 자료가 대량으로 늘어난 사실이다. 한대의 필기 자료로 이미 알려진 것은 돈황 한간과 거연 한간 등인데, 그 연대는 무제기 이후다. 이에 비하여 은작산 한묘 죽간은 묘장 연대로 볼 때 무제기 이전의 서사가 분명하다.

두 번째로 흉노와 맞선 최전방 기지의 봉화대와 성벽 등 국경 지대에서 출토된 돈황 한간과 거연 한간은 행정 문서의 성격이 강하지만, 은작산 한묘 죽간은 이른바 내륙의 분묘에 부장된 병학 관련 서적이 대다수였다. 문자를 검토하는 데는 그 자료의 용도와 성격이 아주 중

요한 요소인데, 이렇듯 성격이 다른 자료가 발견됨으로써 한대 필기문자의 다양한 실태 파악이 가능해진 것이다.

전한 전기 필기 자료가 중요한 이유 중 하나는 진에서 한으로의 거대한 시대 변환기에 문자가 어떻게 변화했는지를 분명히 보여 주기 때문이다. 은작산 한묘 죽간과 같은 모양의 묘장품인 수호지 진간, 양가산 진간楊家山秦簡, 용강 진간龍崗秦簡을 대조하면서 진과 한의 필기문자를 구체적으로 비교해 보자.

진간 문자와의 비교

은작산 한묘 죽간의 서체는 전체적으로 파책을 갖춘 한대 예서 양식이 완성되기 이전의 고예古隸에 속하며, 양식적인 공통성에 주목하면 다음과 같은 두 종류로 크게 나뉜다.

왼쪽부터
수호지 진간 「효율」, 호북성박물관 소장
양가산 진간, 호북성 형주지구박물관 소장
용강 진간, 호북성박물관 소장

제1류 『손자병법』『손빈병법』『위료자』『안자』

곧은 가로획을 기본으로 하여 전체적으로 묵직한 서풍을 지닌다.

제2류 『육도』『수법수령등십삼편』『관자』

오른쪽 아래로 기울어지는 가로획을 기본으로 하여 전체적으로 어수선한 서풍을 지닌다.

한편 진간과 관련해서 제1류는 수호지 진간 『어서』『진율십팔종』『효율』『진율잡초』 등과 일치하며 제2류에서는 수호지 진간 『일서』(갑종)의 일부와 수호지 목독·양가산 진간·용강 진간 등과 공통점이 보인다. 즉 은작산 한묘 죽간의 두 양식은 모두 진간과 비교할 때 명확한 연속성이 인정된다. 특히 오른쪽 아래로 기울어지는 가로획을 지닌 제2류는 오른쪽 위로 올라가는 가로획을 지닌 해서楷書 양식에 익숙한 현대인의 눈에는 이질적으로 보여 한 문자만 살피면 서사자의 개인적 글씨 습관이라고 여길 수도 있다. 그러나 진간과 비교해 보면, 진대 통행체의 하나인 오른쪽 아래로 기울어지는 양식이 한대에 답습된 것이 분명하다.

진의 모든 제도가 대부분 한에 계승된 것은 이미 『사기』와 『한서』 등의 역사서를 통해 알 수 있었다. 그러나 문자에 관해서는 종래의 석각 자료로는 그 실태를 충분히 파악할 수가 없어 오랫동안 구체적인 상황을 알 수가 없었다. 은작산 한묘 죽간은 진에서 한으로 이어지는 필기문자의 연속성을 명확하게 보여주는 자료로서 그 의의가 매우 중요하다.

왼쪽부터 『손자병법』 『손빈병법』 『위료자』 『안자』 『육도』 『수법수령등십삼편』 『관자』

고고학의 현장 }

위서의 오명을 씻은
기록물

낚시꾼의 대명사로 알려진 태공망太公望 여상呂尙은 실제 주의 문왕과 무왕을 섬긴 슬기로운 신하로, 무왕을 도와 은 주왕을 멸망시키고 그 공으로 봉토를 받았다. 이 태공망여상과 주 문왕·무왕과의 문답을 재구성한 병서가 『육도』다.

『육도』의 이름은 「문도文韜」「무도武韜」「용도龍韜」「호도虎韜」「표도豹韜」「견도犬韜」 6권에서 비롯한다. 오늘날 비전秘傳과 비결秘訣을 적은 기록물을 의미하는 일본어 '토라노마키虎の卷'도 이 가운데 '호도'에서 유래했다. 예부터 대표적인 병서로서 중요시되었으나 『한서』「예문지」 병서략에 그 이름이 보이지 않는 데다 문장이 천박하다는 이유로 한대 이후에 위조된 것으로 인식되었다.

그런데 전한 무제 때 조영된 은작산 1호 한묘에서 출토된 대량의 죽간 중에 문도·무도·호도의 내용과 합치하는 잔간殘簡*이 나와서, 이것이 전한 전기에 유포되었음이 확실해졌다.

당시 기록물은 죽간과 백서 등에 손으로 베껴서 유포되었기 때문

---

* 떨어지거나 빠졌거나 또는 일부 내용이 망실된, 완전하지 못한 죽간이나 목간 등 을 가리킨다.

에, 원저가 완성된 후 유포되기까지는 어느 정도의 시간이 필요했다. 따라서 『육도』는 전국 시대에 이미 완성되었을 가능성이 높으며 위서 라는 설은 근본적으로 수정이 필요해졌다.

현재 송간본宋刊本과 죽간본 사이에는 수많은 다른 점이 있는데, 특 히 주목되는 점은 「문도」의 제1편 '문사文師'에 나오는 태공망여상에 대한 호칭의 차이다.

'문사' 편은 『육도』 전체의 첫머리에 해당하며, 주 문왕이 위수의 북 쪽 강변에서 낚시를 하고 있던 태공망여상을 처음 만나 국가를 다스 리는 근본에 관하여 주고받은 문답이 적혀 있다.(낚시꾼의 대명사 '태공 망'은 이 이야기에 비롯하였다.) 송간본은 태공망여상의 발언을 모두 "태 공 왈太公曰"로 기록하였고, 죽간본에서는 이 첫머리 편만 "여상 왈呂尙 曰"로 하여, 다른 편의 "대(태)공망 왈大(太)公望曰"과 구별된다.

태공망

　그렇다면 이러한 죽간본과 송간본의 차이는 어떻게 해서 생긴 것일까. 나복이羅福頤(뤄푸이)는 「임기한간개술臨沂漢簡概述」[1]에서 이 점에 관해 다음과 같이 지적하고 있다.

　『사기』「제태공세가齊太公世家」에는 위수 강변에서 여상과 이야기하던 서백西伯(문왕)이 "그대야말로 내 조부인 태공(고공단보古公亶父)이 오랫동안 기다리고 바라던 사람이다" 하고 크게 기뻐하며 여상에게 '태공망' 호칭을 주고 수레에 동승하여 함께 돌아가 스승으로 받들었다고 적혀 있다. 즉 여상이 '태공망'이라고 불리게 된 것은 문왕과 만나 함께 이야기한 후다. 그러니까 죽간본은 처음 대면 때의 문답을 '여상 왈'로 기록하고 그 이후는 '태공망 왈'로 구분하여 쓰고 있는데, 송간본이 처음부터 '태공'이라고 칭한 것은 사실과 맞지 않는다.

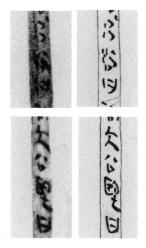

'여상 왈'(위) '태공망 왈'(아래)이라 기록된
목간과 모본模本

나복이는 송간본에서 문왕과 대면한 전후 호칭을 세심히 구분하지 않은 후세 사람들이 안이하게 '태공 왈'로 통일한 것으로 추측하고 있다. 또한 죽간본 본문이 현행 송간본에 비해 뛰어나다는 것을 보여주는 한 예이기도 하다.

『육도』외에도 은작산 1호 한묘에서 출토된 죽간에 따라 전국 시대 이전에 성립한 것으로 판명되어 위서의 오명을 씻은 기록물은 『위료자』『안자춘추』등이 있다.

이와 같이 출토문자 자료는 없어진 기록물의 발견뿐만 아니라, 오랫동안 한대 이후의 위서라고 치부되어 선진의 사상사 연구 대상에서 제외되어온 기록물의 복권復權에도 중요한 역할을 담당하고 있다.

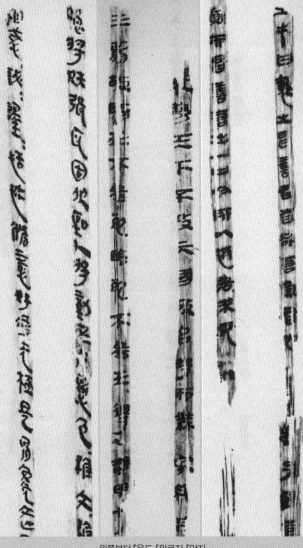

왼쪽부터 『육도』『위료자』『안자』

삼국지 시대에 싹튼
해서의 생생한 육성

주마루 삼국오간

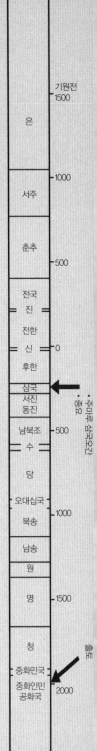

『삼국지』로 유명한 오의 손권. 1996년, 호남성 장사시 주마루에서 10만 매가 넘는 손권 시대의 죽간과 목간이 출토되었다. 이들 간독 자료는 『삼국지』에 기록되지 않은 역사의 공백을 메움과 동시에, 해서의 성립 과정과 종요의 서를 해명하는 획기적인 성과를 남겼다.

호남성
장사시 주마루

경탄할 만한 수량

전국 옥새의 일화

『삼국지연의三國志演義』제6회에는 오吳를 건국한 손권의 부친 손견이 우물 속에서 예상치 못한 무언가를 얻는 이야기가 적혀 있다.

역적 동탁 때문에 잿더미가 된 옛 도읍 낙양에 맨 먼저 들어선 손견은 궁중의 건장전建章殿 남쪽에서 오색 빛을 발하는 이상한 우물을 발견한다. 그 우물을 쳐내 보니 궁중 의복을 입은 고귀한 궁인의 사체 한 구가 올라왔다. 여인은 목에 비단 주머니를 걸고 있었는데, 그 속에는 금 사슬로 묶인 빨간 옻칠을 한 작은 함이 들어 있었다. 억지로 열어 보니 나온 것은 옥새 한 개. 둘레가 4촌, 손잡이에 다섯 마리 용이 달려 있고 "하늘로부터 천명을 받아, 장수를 누리고 영원히 번창하리라〔受命于天, 旣壽永昌〕" 여덟 자가 전서로 새겨져 있었다. 동탁이 혼란 중에 분실한 천자의 증명인 '전국傳國 옥새'였다.

우물에서 발견된 간독

1996년 7월부터 12월에 걸쳐 호남성 장사시 문물공작대는 장사시 중심에 위치한 5·1광장 동남 방향의 평화당상무平和堂商貿 빌딩 건설 구역 내에 있는 50여 개 옛 우물을 발굴하여, 그중 22호 번호가 매겨진 우물에서 삼국 오 시대의 간독을 발견했다. 무엇보다도 발굴을 맡은 연구자를 놀라게 한 것은 그때까지 중국에서 발견된 간독의 총수량을 단번에 상회하는 10만 매라는 엄청나게 많은 수량이었다.

이 소식을 들었을 때 필자는 첫머리에서 소개한『삼국지연의』이야
기가 생각났다. 삼국에 오라는 시대와 우물이라는 발견 장소의 공통
점에서 비롯한 연상이었는데, 주마루 삼국오간의 발견 또한 옥새를
발견한 손견의 놀라움보다 더할지언정 결코 덜하지 않은 충격을 학계
에 던져 주었다.

주마루 삼국오간의 도판과 석문을 포함한 정식 보고서는 현시점에
서는「가화리민전가별嘉禾吏民田家莂」이라고 불리는 50센티미터 전후
의 대형 목간 2,041매(잔간 포함)를 수록한『장사주마루 삼국오간 가화
리민전가별』[1] 상하 두 권이 간행된 것에 그친다. 그 엄청나게 많은 수
량으로 볼 때 전모를 밝히는 데 꽤 시간이 걸릴 것으로 예상되는데, 이
미 중국 내외에서 활발한 연구 활동이 전개되고 있고 주마루 삼국오

주마루 발굴 현장

간의 개요를 보고한 논문도 몇몇 발표되었다.[2] 다음 절에서는 그것을
중심으로 주마루 삼국오간의 내용과 의의에 관하여 살펴보겠다.

주마루 삼국오간의 내용과 의의

주마루 삼국오간의 내용

주마루 삼국오간은 목간·목독·죽간 세 종류로 크게 나뉜다. 목간은
2,400여 매, 목독은 100여 매, 죽간은 10만 매 이상으로 죽간이 대부
분을 차지한다.

　목간은 길이 49.8~56센티미터, 폭 2.6~5.5센티미터로 크고 일정
한 형식을 갖추고 있으며, 재질은 모두 삼나무다. 연호는 손권의 가화
嘉禾 4년(235)과 가화 5년(236)으로 나뉘어 각각 다음 연호의 연초에 이
어지고 있다. 내용은 민가에서 조세를 징집하여 관부에 보관한 납세

목간 발굴 현장과 우물 바닥

증명서로 추정되며, 그중 4매의 표제인 '가화리민전가별'로 이름 붙였다. 이 목간은 앞서 말한 최초의 보고서인 『장사주마루 삼국오간 가화리민전가별』에 이미 공표되었다.

목독은 증서 및 서간이 주요 내용으로 형식과 크기도 다르며, 가화년간의 관문서가 차지하는 비율이 비교적 크고 손오 정권의 행정과 사법 등 일련의 제도를 연구하는 데에 대단히 귀중한 자료다.

죽간은 길이 25~29센티미터, 폭 1.2~1.5센티미터로 약간 길고 폭이 넓은 것과 길이 22.2~23.5센티미터, 폭 0.5~1.2센티미터로 약간 짧고 폭이 좁은 두 형식으로 나뉜다. 석문이 완성된 죽간 1만 매 가운데 연호가 가장 빠른 것은 후한 헌제獻帝 건안建安 25년(220), 가장 늦은 것은 오의 손권 가화 6년 (237)이고, 내용은 전전조세권서佃田租稅券書, 여러 종류의 관사문서官私文書, 그 외 잡세권서雜稅券書, 여러 종류의 호구부적戶口簿籍 등이다. 손권은 건안 20년에 장사를 지배했고 이것들 모두 손오의 관청에 속하는 문서류로 추정되고 있다.

손권 정권의 동시대 자료

주목할 만한 발견은 『삼국지』 「오서」에 일대기가 있는 보즐步騭·여대呂岱·고옹顧雍 또는 반준潘濬과 같이 문자 그대로 역사에 이름을 남긴 인명과 관명을 기록한 죽간이다. 그들은 모두 오의 명장

주마루 삼국오간에
보이는 표제

이며 부임한 지역은 장사와 연관이 깊다.

예를 들면 보즐은 『삼국지』의 일대기에 의하면 손권 정권의 중심인물로 인덕과 무용을 겸비하였고 나중에는 육손의 뒤를 이어 승상이 된 인물이다. 지명도에서는 『삼국지연의』의 주유와 노숙에게는 미치지 못한다. 그러나 연합군의 조조 공격에 대해 손권을 설득하기 위하여 홀로 뛰어 들어온 제갈공명을 몰아세우려다가 오히려 그 화려한 언변에 굴복되어 버리는 손권 측 관료의 한 사람으로 등장한다(43회). 또한 형주 공략 및 관우의 포박을 위해 손권에게 비책을 진언하는(73회) 등, 『삼국지연의』의 몇몇 장면에서 중요한 역할을 보여준다. 물론 이들 이야기는 어디까지나 소설이고 사실로 여길 수는 없지만, 이러한 예를 통해 볼 때 『삼국지연의』의 영웅들이 활약하던 바로 그 시대에 쓰인 문서인 주마루 삼국오간은 손권과 동시대 자료로서 그 시대를 생생하고 실감나게 전한다.

주마루 삼국오간 발견의 최대 의의는 1차 자료가 대량 발견되어 삼국 시대 손오 정권의 실태를 해명하는 유력한 단서가 생긴 점이다.

삼국 시대에 관해서는 『삼국지연의』 등이 유명하여 매우 자세하게 알려진 것처럼 생각되지만, 실제로는 개인의 일대기 이외 모든 점에 관해서는 불분명한 점이 매우 많다. 그 원인은 말할 것도 없이 자료의 부족함에 있고, 특히 완성된 문헌으로서는 거의 유일한 자료인 정사正史『삼국지三國志』에 정치·경제·법률·제도 등을 기록한 '표表'와 '지志'가 빠져 있기 때문이다.

더욱이 지금까지 발견된 삼국 시대 출토문자 자료는 많지 않았다.

주마루 삼국오간

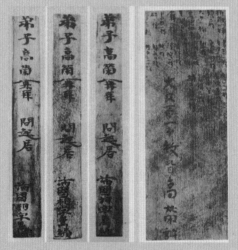

남창양명로 오묘 출토 목독 · 목간

마안산 주연묘 출토 명자

악성 1호묘 목간

20세기 초기에 니아 유적과 누란 유적에서 위진 시기 간독이 발견되었는데, 그 수량은 진간을 포함해도 484매 정도였다. 또한 오간도 1979년 강서성江西省 남창양명로南昌陽明路 오묘吳墓, 1980년 호북성湖北省 악성1호鄂城一號 오묘吳墓, 1984년 안휘성安徽省 마안산馬鞍山 오주연묘吳朱然墓 등에서 출토되었는데 모두 합쳐도 416매에 불과하고, 게다가 그 내용은 부장품 목록과 명함이어서 자료적 가치는 한계가 있었다.

1,800여 년 너머에 있던 주마루 삼국오간의 발견 덕분에 『삼국지』에 기록되지 않았던 역사의 공백을 동시대 자료로 메우는 꿈과 같은 이야기가 현실이 된 것이다.

해서의 성립과 종요

주마루 삼국오간의 발견은 서도사와 문자학 분야에서도 매우 중요한 의의를 지닌다.

해서의 생성기

첫 번째 의의는 해서의 성립 시기와 과정을 해명할 실마리를 제공하는 점이다. 해서는 정서체로서 현재 가장 널리 쓰이는 서체지만, 그 성립 시기와 성립 과정에 관해서는 사실 많이 밝혀지지 않았다.

서체는 대략 '전서→예서→해서'의 변천을 겪어 오늘날에 이르고 있다. 새로운 서체가 성립되는 과정은 오랜 시간에 걸쳐 매우 점차적으로 진행되며, 그 변화는 우선적으로 필기 자료에서 나타난다. 따라서 서체 변천의 과정을 분명하게 알기 위해서는 새로운 서체 생성기에 해당하는 시대의 필기 자료가 많이 필요하다.

해서는 그 양식이 정점에 다다른 당대唐代 이전의 육조 시대 특히 삼국 시대부터 진대가 그 생성기에 해당한다고 추측하고 있었는데, 그 시기의 필기 자료는 20세기가 될 때까지 거의 알려지지 않았다. 이러한 상황에서 20세기 초반 서역 탐험에서 발견된 위진 시대의 목간이나 잔지殘紙를 통해 새로운 연구가 진전되었고, 그 자료를 채택하여 해서 성립에 대해 최초로 실증적인 해석을 시도한 사람이 니시카와 야스시西川寧였다.

니시카와는 위진의 출토문자 자료를 상세하게 분석하여, 영국의 고고학자 아우렐 스타인이 1901년에 신강성 니아의 진대 유적에서 발견

아우렐 스타인

한 50점의 간독 속에서 "예선선왕詣鄯善王"이라고 쓰인 목간 봉검封檢*
의 문자가 확인할 수 있는 가장 오래된 해서의 유물인 점을 지적하였
다.³⁾

　여러 방면에 걸친 니시카와의 분석 가운데 가장 현저한 특징을 보
이는 가로획에 대해 살펴보면, 해서의 주요한 특징인 기필부·중앙부
·지필부의 삼절 구조가 "예선선왕" 문자에 뚜렷함을 볼 수 있다. 봉검
의 연대는 함께 출토된 목간에 태
시泰始 5년(269)이라고 적혀 있으
니, 서진 전기로 추정되는 3세기
후반 무렵에 이미 해서가 발생하
였던 것이다.

　그 후 니시바야시 쇼이치西林昭
一는 1984년 안휘성 마안산 오주
연묘에서 출토된 목간(자刺·알謁)
17매의 문자가 대체로 삼절 구조
를 갖춘 것을 밝혀내, 해서의 발생
연대가 다시 3세기 중반 무렵까지
거슬러 올라갈 가능성을 제시하
였다.⁴⁾

　이와 같이 삼국 시대부터 진대

'예선선왕'이라고 쓰인 봉검

---

* 기밀을 요하는 문서 꾸러미나 물건을 타인이 뜯어보는 것을 방지하는 도구.

에 걸친 필기문자의 발견은 해서의 성립 시기 문제를 점차적으로 해명하는 데 기여하였다. 그러나 제한된 자료 탓에 해서가 발생한 무렵 문자의 구체적인 상황에 관해서는, 여전히 충분하게 파악하기 어려운 부분이 남아 있었다. 주마루 삼국오간은 이러한 제약을 뛰어넘을 만큼 풍부한 10만 점의 자료를 제공하여 해서 발생기에 해당하는 삼국시대 문자의 실태를 분명하게 밝혀 주었으며, 앞으로도 지속적인 검토를 통해 해서 발생의 과정을 해명하는 데 귀중한 단서를 얻을 수 있으리라 생각한다.

능서가 종요

해서 성립과 관련해 또 하나 짚고 넘어가야 할 점은 삼국 위의 '종요鍾繇의 서書'(이하 종서)에 관한 문제다.

종요는 위나라 건국의 공로자로서 조조와 무제에게 두터운 신뢰를 받았으며, 문제와 명제를 모시고 만년에는 태부太傅를 하사받는 등 명실공히 위의 일등 공신이었다. 『삼국지』「위서」권13 종요전에는 그가 글씨를 잘 썼다는 이야기는 없으나, 권11 관녕전管寧傳에 기술된 호소胡昭 당시 달필의 한 사람으로 이름이 등장하며 서진 위항衛恒의 『사체서세四體書勢』와 남조 송 양흔羊欣의 『고래능서인명古來能書人名』 등을 비롯한 많은 서론書論에 능서가能書家로 특별히 기록되고 있다. 또한 왕희지王羲之의 서간을 채록했다고 추정되어 왕희지 자료로서 신빙성이 높은 「자론서自論書」(『법서요록法書要錄』권1)에서도 등장한다.

　　나는 뛰어난 글을 쓰기 위하여 애를 쓰고 또한 많은 옛 선인의 글을 찾아 왔으나 오로지 종요와 장지만은 정말로 뛰어나게 훌륭하며, 그 외는 조금 좋은 점은 있어도 마음을 잡기에 부족합니다. 이 두 현자를 제외하면 내 글이 여기에 이어지겠지요.

　이를 통해 후한의 장지張芝와 함께 왕희지 이전 시대 문장의 명가로서 확고한 위치를 구축했던 것을 알 수 있다. 양흔의 『고래능서인명』은 종요에게 삼체三體의 문장이 있었음을 기록하고 있다.

　　종요의 문장에는 삼체가 있다. 첫째, '명석銘石의 문장'으로 가장 정교하고 치밀한 것이다. 둘째는 '장정서章程書'로 비서관에 전수하여 소학에서 가르친 것이다. 셋째는 '행압서行狎書'로 서간에 쓰이는 것이다. 이들 세 서법은 모두 세상 사람들이 높이 평가하고 있다.

　현존하는 종요의 서체는 모두 법첩法帖*으로서 전해져「선시표宣示表」「환시표還示表」「역명표力命表」「천관내후계직표薦關內侯季直表」「하첩표賀捷表」등 그 대부분은 상표문上表文**이다. 물론 이는 종요가 위나라 고관이었던 것과 무관하지 않지만 앞의 『고래능서인명』의 기술과 비교해 보면 법첩에 전해진 종요의 서체는 대부분 공문서 용도인 두 번

---

* 서도書道의 모범이 될 만한 선인의 필적을 돌이나 나무 따위에 새겨 탁본을 뜨고 인쇄한 것.

** 궁정에서 서적의 수집이나 감상을 정리하여 황제에게 봉정하는 글.

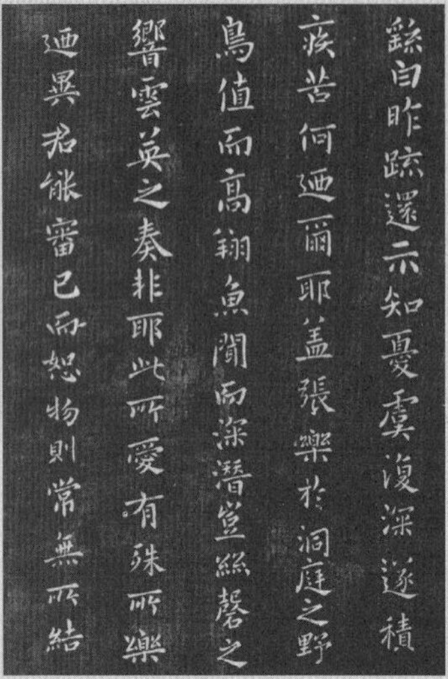
繇自昨疏還示知憂虞復深遂積
疾苦何迺爾耶蓋張樂於洞庭之野
鳥值而高翔魚聞而深潛豈絲磬之
響雲英之奏非耶此所愛有殊所樂
迺異君能審己而恕物則常無所結

환시표

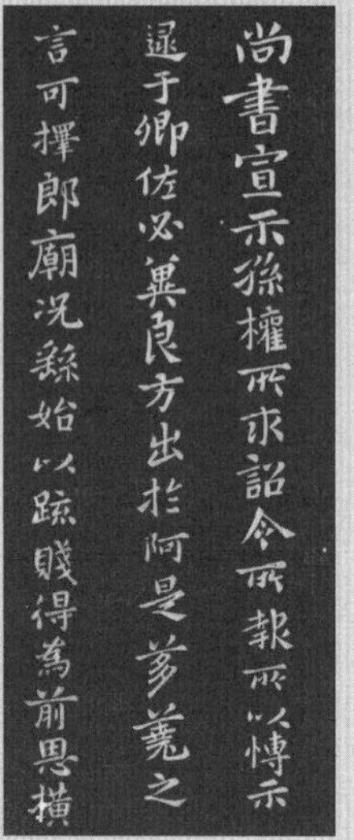
尚書宣示孫權所求詔令所報所以博示
逮于卿佐必冀良方出於阿是芻蕘之
言可擇郎廟況繇始以疏賤得為前恩橫

선시표

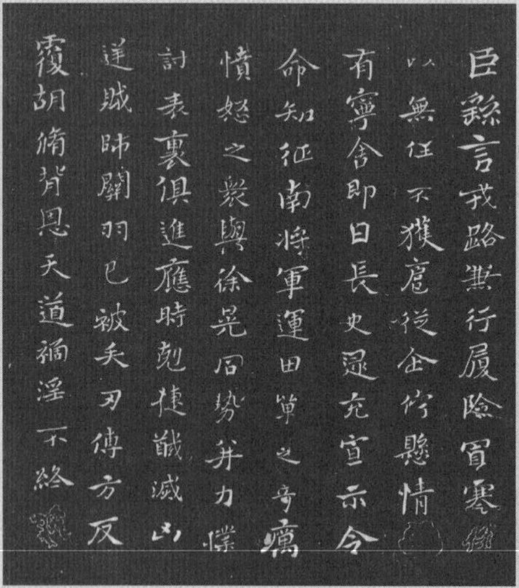
臣繇言戎路兼行履險冒寒
以無任不獲扈從企佇懸情
有寧舍即日長史逯充宣示令
命知征南將軍運田單之奇厲
憤怒之衆與徐晃同勢并力
討表裏俱進應時剋捷馘滅凶
逆賊帥關羽已被矢刃傳方反
覆胡脩背恩天道禍淫不終

하첩표

鍾繇

臣繇言臣力命之用以無所立惟幄之謀而又
愚老聖恩伍佃持以殊禮天下始定帥土欣
臧唯有江東當少留思既與上公同見訪問昨
讖見復蒙遣及雖緣訟令陳其愚心而已所
懷造膝之事昔先帝寵以事及臣遣侍中王
祭杖嚴就閒臣臣所懷未盡眞益繫乏使
侍中與臣議之臣不勝愚款懷之之情謹表以
閒臣繇誠惶誠恐頓首頓首死罪死罪

역명표

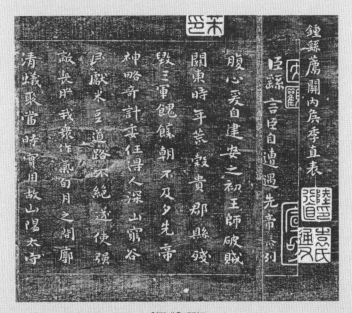

鍾繇薦關內侯季直表
臣繇言臣自遭遇先帝
腹心爰自建安之初王師破賊
關東時年荒穀貴郡縣殘
毀三軍餽餉朝不及夕先帝
神略奇計委任得人深山窮谷
巨獻米豆道路不絕遂使強
敢妻肸我眾作氣旬月之間廓
清蟻聚當時實用故山陽太守

천관내후계직표

째 '장정서'에 해당하고, 후세에 종요의 해서라고 칭해지는 것도 이 장
정서임을 알 수 있다.

종요의 해서

해서의 성립 여부는 결국 종요의 '장정서'를 명확히 분석하는 일이 관
건이었다. 그런데 현존하는 종서에 대해 신빙성을 검증할 방법도 없
었으며 종요가 해서에 뛰어났다는 이야기도 단지 전설에 불과하다고
생각하는 분위기였다.

종요는 후한의 원가 원년(151)에 태어나 삼국 위의 태화 4년(230)에
80세로 죽었고 정확히 70세부터 죽을 때까지가 주마루 삼국오간의 연
대와 겹친다. 현재 공표된 주마루 삼국오간의 도판을 대략적으로 검
토해 보면, 전체적인 문자의 구조는 살짝 오른쪽으로 올라가 있고 약
간 넓적한 사각형 모양으로서 현존하는 종서와 어느 정도 공통성을
인정할 만하다. 또한 가로획의 구조에 주목하면 파책을 띤 예서 양식,
삼절 구조를 갖춘 해서 양식, 붓끝의 자취가 드러나도록 약간 빠르게
쓰는 행서 양식 세 가지가 엿보이며, 행서 양식을 주로 삼고 부분적으
로 예서 양식과 해서 양식이 혼재한 상황이 발견된다.

이러한 상황과 앞서 종요의 삼체 이야기를 종합하면 '명석의 문서'
는 예서, '장정서'는 해서, '행압서'는 행서 양식이라는 상관관계를 유
추할 수 있다. 또한 황제에게 바치는 상표문에는 공식적 '장정서'가 사
용된 것을 보면 종요의 법첩 중에서도 특히 「선시표」와 「천관내후계
직표」 등은 종서의 실체를 꽤 충실하게 전했을 가능성이 있다. 물론 이

파책을 띤 예서 양식　　　　　약간 빨리 쓴 행서 양식

삼절 구조를 갖춘 해서 양식

것은 현시점에서의 대략적인 예측에 불과하며 앞으로 상세한 분석을
더할 필요가 있다. 주마루 삼국오간의 전체 모습이 공표되면 종요의
서체에 대한 해명은 매우 빠르게 진전할 것이 확실하다.

　니시카와는 「예선선왕의 묵서−현존 최고의 해서」를 다음과 같은
문장으로 마무리한다.

　전설(문헌 또는 법첩)에 의하면, 해서의 발생은 위의 종요(133~230)
까지 소급되어 왕희지(307~365) 때에는 이미 훌륭히 완성되었다. 알고

보면 선선왕鄯善王의 태시 5년(269)은 종요가 죽은 지 40년이 된 때이
며 왕이 태어나기까지는 아직 30여 년을 기다려야만 한다. 그동안 인
정받지 못한 법첩에 의한 전설이 어쩐지 진실에 가까워지는 일은 흥미
진진하다.

현존하는 법첩에서 볼 수 있는 종요의 문서는 그 진상을 전하고 있
지 않으며 종요의 시대에 해서가 존재했다는 문헌의 기술도 단순한
전설에 지나지 않는다는 생각이 지배적이었다. 그러나 출토문자 자료
의 발견에 의해 그 신빙성은 서서히 높아지고 있다.

주마루 삼국오간은 종요의 해서 전설이 진실인 것을 알리기 위해
지하에서 되살아난 시대의 증언자인지도 모를 일이다.

208

고고학의 현장 }

주마루 삼국오간은
왜 우물에
매장되었나?

주마루 삼국오간에 관한 가장 큰 수수께끼는 10만이나 되는 대량의
간독이 왜 우물에 매장되었을까 하는 점이다. 「장사주마루22호 우물
발굴보고長沙走馬樓二十二號井發掘報告」[1]는 그 원인으로 두 가지 가능성
을 지적하고 있다.

그 하나는 전쟁에 따른 매장이다. 함녕 6년(280) 서진 무제 사마염이
일으킨 20여 만의 압도적인 군사력 앞에 오의 군대는 궤멸하고 손권
의 손자 오왕 손호는 서진 군대에 투항한다. 오 왕조의 멸망이라는 일
대사에 민심은 혼란스러워졌고 장사군의 관리들은 보관하고 있던 공
문서를 우물에 묻었다는 것이다.

다른 하나는 문서 관리 방법의 일종이다. 주마루 삼국오간의 대부
분은 보존용 공문서이고 대체로 계약 증서 종류에 속한다. 고대의 문
서 관리 제도를 보면 시기가 지난 일반 보존 문서는 필요하지 않아도
금방은 폐기하지 않고 다시 몇 년 동안 보관한다. 또한 거연이나 돈황
에서 발견된 한간에도 폐기 문서를 정리해서 보관한 현상이 보이며
그 대부분은 땔감으로 불태워지거나 화장지에 해당하는 측간厠簡으로

사용되었다. 즉 주마루 삼국오간은 폐기된 것이 아니고 문서 처리의 한 형식으로서 보관이나 재생산 목적에서 우물에 묻었다는 것이다.

후자의 관점에서 호평생胡平生(후핑성)과 송소화宋少華(송샤오화)는 「장사주마루 간독개술長沙走馬樓簡牘槪述」[2]에서 다음과 같이 추정하였다. 주마루 삼국오간이 출토된 22호 우물은 직경이 310센티미터나 되는데 바닥 부분에 지하수를 집중시켜 건조를 방지하기 위한 소형 우물이 존재하였다. 게다가 간독이 바닥부터 350센티미터나 되는 퇴적층 위에 놓여 있었고 대나무 상자에 담겨 있었다. 즉 22호 우물은 실제로는 우물이 아니라 폐기된 빈 창고였으며 그 안에 간독을 수장했다는 것이다.

이러한 전쟁설과 문서관리설에 반해, 새로운 관점에서 매장 원인을 추리한 주목할 만한 견해로는 구동련邱東聯(치우동롄)의 「장사오간과 여일사건-장사오간의 매장원인長沙吳簡與呂壹事件-試析長沙吳簡的埋藏原因」[3]이 있다. 대략적인 내용은 다음과 같다.

구동련은 1997년의 시점에서 석문이 완성된 4만여 매의 간독에 보이는 연대 상한을 건안 25년(220) 하한을 가화 6년(237)으로 잡는다. 그중 「이민전가별吏民田家莂」 2,480매에 보이는 연호는 모두 가화년간이며, 특히 가화 4, 5, 6년의 3년 사이 집중된 주마루 삼국오간이 매장된 연대는 가장 빨라야 가화 6년(237)으로 추정한다.

『삼국지』 「오서」에 의하면 장사군은 이때가 비교적 안정적인 발전 시기로서 주마루 삼국오간의 분석에서도 전쟁에 관계된 주된 임무는 군대 감독과 식량 수송이었음이 증명된다. 따라서 삼국 말 전쟁의 혼란을 매장 원인으로 보는 전쟁설은 납득하기 어렵다.

한편 주마루 삼국오간의 내용은 (1)부세賦稅, (2)관문서, (3)명적名籍, (4)잡류雜類의 4종으로 분류되며 잡류의 간簡을 포함하여 모두 당시의 장사군이나 임상현臨湘縣의 경제·군사·인구에 관한 것으로 결코 일반적 성격의 공문서는 아니다. 또한 주마루 3호와 4호 우물에서는 200여 매의 후한 연평延平 원년(106)의 간독이 발견되었는데, 그 내용은 당시 관리들이 글씨 연습을 한 습서와 습획, 간독의 원재료와 잔간 등이고 공문서는 발견되지 않았다. 즉 주마루 삼국오간은 한정된 시기 동안의 국가 재정이나 인민 생계에 관한 공문서일 뿐, 일반적인 공문서라는 해석은 수긍하기 어렵다.

이와 같이 전쟁설과 문서관리설의 문제점을 지적한 구동련이 주목한 것은 손권 정권 아래 일어난 여일呂壹 사건이다. 오를 키우기 위해서 중앙 집권을 강화하려던 손권은 신임하던 중서교사中書校事 여일과 진박 등을 임용하여 모든 관청과 주·군의 공문서를 검사 감독하도록 했다. 사람의 행동은 어느 시대에나 비슷한 법, 여일 등은 직권을 남용하여 악독하고 뻔뻔한 수단으로 돈을 횡령하였고 자신을 거스르는 중신들은 하찮은 실수를 적발하거나 뜬소문을 꾸며내 죄에 빠뜨려서 정계에서 배제해 나갔다.

이러한 여일의 전횡에 대해서 내외에서 통렬한 비판이 일어났고, 태자 손등과 승상 고옹을 비롯해 제갈근·보즐·주연·여대·반준 등의 대장군들이 손권에게 알려 악행이 발각된 여일은 옥에 갇혀 적오赤烏 원년(238)에 처형되었다. 여일 사건은 『삼국지』「오서」의 오왕(손권)

전, 고옹전, 보즐전, 반준전, 제갈근전에 기록될 만큼 실제로 손오 정권을 뒤흔든 일대 정치 사건이었다.

구동련은 주마루 삼국오간이 경제·군사·인구에 관한 공문서인 점, 간독에 보이는 연대가 건안 25년(220)에서 가화 6년(237)의 18년간에 한정되고 게다가 하한인 가화 6년(237)이 여일이 처형된 적오 원년(238)의 전년도인 점, 게다가 고옹·보즐·여대·반준이라는 반여일파의 구성원이 모두 장사와 밀접한 관계가 있는 점에 주목하였다. 그 결과 10만 매의 간독은 여일파가 중서교사로서 감독 검사에 관계한 공문서이고, 여일 처형 후 군의 관청 안에 있는 폐기 우물에 한데 모아서 매장하였다고 추측하고 있다.

구동련의 설은 주마루 삼국오간의 내용과 연대를 잘 연결한 대단히 매력적인 견해라고 생각된다. 다만 그도 미리 언급했듯이 어디까지나 연대의 하한이 가화 6년(237)이라는 현 단계의 조사 결과에 의거하기 때문에 앞으로 정리되지 않은 대량의 간독 중에서 여일 처형 이후에 해당하는 적오 원년(238) 이후 연대의 간독이 검출되는 경우에는 재고해야만 하는 여지도 남아 있다.

우물 매장과 관련해서 최근에 또 흥미 있는 발견이 보도되었다.

2002년 7월 15일 자 중국 상해의 일간지 「문회보」에 의하면, 수력 발전소 건설에 따라 호남성湖南省 용산현龍山縣 리야분지里耶盆地의 성곽 유적을 발굴 조사하였는데 같은 해 6월에 2만 매가 넘는 시황제 시대의 진간이 발견되었다고 한다. 진간 대부분은 관서의 공문서이고 당시의 사회·정치·경제·문화 각 방면에 걸쳐 관청끼리 주고받은 문서

호남성 용산현 리야분지 출토 진간

로서 군사·산술·행정설비·관직·민족 등에 대한 내용을 담고 있다.

「문회보」의 기사 가운데 특히 필자의 관심을 끈 내용은 2만 매의 진간 대부분이 공문서이고 더구나 성곽 안의 옛 우물에서 출토되었다는 점이었다. 즉 새로 출토된 진간과 주마루 삼국오간은 시대를 달리하지만 내용과 출토 상황이 아주 유사하며, 주마루 삼국오간이 우물에 매장된 일은 단순히 개별적인 사례가 아니었을 가능성이 제기된 것이다.

더욱이 진간 2만 매라는 보도를 통해 당시의 중국 대륙에는 우리 상상을 훨씬 초월하는 엄청난 공문서 간독이 존재했었음을 새삼 실감했으며, 주마루 삼국오간의 10만 매라는 숫자도 그다지 놀랄 만한 일이 아니겠다는 생각마저 들었다.

어쨌든 새로운 발견인 진간은 진대 역사의 해명뿐만 아니라 주마루 삼국오간과의 관계에서도 중요한 의의를 지니므로 앞으로의 조사 진전과 공표가 기대된다.

서성 왕희지 글씨를 찾아서

누란 출토 문서

기원전
1500

은

1000

서주

춘추

500

전국
진
전한

0

신
후한

삼국
서진
동진
· 이백 문서
· 왕희지

500

남북조
수

당

오대십국

1000

북송

남송

원

명

1500

청

중화민국
출토

2000

중화인민
공화국

동아시아 지식인이 글씨의 규범으로 섬기며 항상 서도사의 중심 자리를 지켜온 왕희지. 그러나 그 진필은 존재하지 않고 왕희지 글씨의 진상은 두꺼운 베일에 싸여 있었다. 20세기 초엽, 사막에 묻힌 누란 유적에서 한 일본인 청년이 발견한 고문서가 왕희지 글씨의 해명에 커다란 진전을 가져온다.

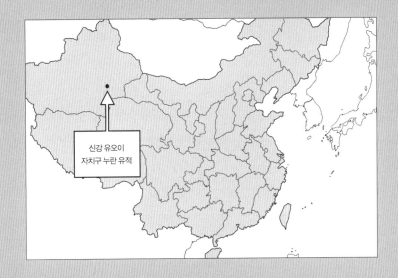

신강 유오이
자치구 누란 유적

사막에 묻힌 왕도, 누란의 발견

환상의 도시 '누란'

지금부터 2,000여 년 전, 푸른 물 가득한 로프노르 호수에 누란樓蘭이라는 이름의 왕도王都가 있었다. 이 지역은 정확히 실크로드의 동서 분기점에 해당하여 교역하는 많은 사람들로 북적였고, 당시 번영을 자랑하고 있었다. 그런데 4세기 무렵부터 타림 강의 수로가 이동하여 로프노르 호수에 물이 흘러들지 않자, 누란은 차츰 쇠미하였고 교역로의 변경 등으로 인해 결국에는 멸망해 사라져 버렸다. 누란에 언제 인적이 끊어졌는지는 명확하지 않으나, 644년 예전의 왕국으로 가는 길에 이 부근을 지난 현장법사 삼장은, 인가 없이 겹겹이 쌓인 폐허로 바뀐 누란의 참상을 『대당서역기大唐西域記』(권12)에 기록하였다. 영화를 자랑하던 실크로드의 왕도 누란은, 그 역사를 타클라마칸 사막에 묻은 채, 오랜 세월을 흘려보낸 것이다.

누란의 발견

1900년 3월 29일, '방황하는 호수' 로프노르의 이동설을 실증하고자 옛 로프노르 호수 바닥을 측량하며 이동 중이던 스웨덴의 지리학자 스벤 헤딘 일행에게 곤혹스러운 사건이 발생했다. 현지에서 고용한 안내인 에르딕이 전날의 조사지에서 삽을 잊고 왔다는 것이다. 삽은 발굴 조사에서 우물을 파는 등에 사용하는 도구이고 당연히 사막의 생명줄이라고 할 수 있었다. 헤딘은 할 수 없이 꼬박 하룻밤을 기다리

신강 사막 풍경

누란 유적

며 에르딕에게 다녀오도록 했다.

　그러던 도중 에르딕은 모래 폭풍을 만나 길을 헤매다가 우연히 커
다란 탑이 즐비한 폐허에 도착하였다. 이틀 후 삽을 가지고 무사히 귀
환한 에르딕에게 보고를 받은 헤딘은 그 유적의 중요성을 직감했지
만, 이미 식수가 부족했기 때문에 미련을 떨치지 못하면서도 다음 갈
길을 재촉하였다. 그리고 1년 후인 1901년 3월 3일 동부 티베트 탐험
을 마친 헤딘은 많은 고난을 거쳐 마침내 에르딕이 증언했던 장소를
찾아내고 염원하던 발굴 조사를 개시했다.

　헤딘이 그곳에서 얻은 발굴품 중에는 한문으로 쓰인 종이 문서 35
매, 목간 120매, 고대 서북 인도의 카로슈티 문자로 쓰인 종이 문서 1
매, 목간 1매가 포함되어 있었고, '누란'이라는 글자가 기록된 한문 문

스벤 헤딘과 오타니 고즈이

서를 통해 그 장소가 누란 유적인 것을 확실하게 알게 되었다.

헤딘에 이어 누란에 들어간 사람은 미국의 지리학자 엘스워스 헌팅턴이었다. 헌팅턴은 1906년 1월 18일 누란에 도착했는데, 고고학적으로 관심이 적었는지 적극적인 발굴 조사는 하지 않았다. 계속해서 그해 12월 18일 제2차 중앙아시아 탐험을 떠난 영국의 고고학자 아우렐 스타인이, 헤딘이 작성한 지도에 따라 누란에 도착했다. 스타인은 면밀한 발굴 조사를 통하여 한문으로 쓰인 목간 140매와 종이 문서, 카로슈티 문자로 쓰인 목간 등 수많은 자료를 발견하였다.

오타니 탐험대의 누란 조사

오타니 탐험대

스타인이 조사한 지 2년여가 지난 1909년 3월, 누란 폐허에 한 일본인 청년이 서 있었다. 오타니 탐험대의 일원으로 제2차 탐험에 오른 당시 19세의 다치바나 즈이초橘瑞超다.

오타니 탐험대는 서본원사西本願寺 제22대 문주門主[*] 오타니 고즈이大谷光瑞가 메이지 35년(1902)에 조직하여 다이쇼 3년(1914)까지 12년 동안 3차에 걸쳐 중앙아시아 탐험을 실시했다. 오타니 고즈이는 노무라 에이자부로野村榮三郞와 다치바나에게 제2차 탐험을 명했고, 탐험

---

[*] 종파의 제일 높은 어른으로, 단순한 사찰 주지를 넘어 종교적 지도자에 해당한다.

대는 메이지 41년(1908)에 북경을 출발하여 몽골과 투루판吐魯番에서 활발한 조사를 진행했다. 메이지 42년(1909) 2월 21일 다치바나는 로프노르 지방을 조사하기 위하여 쿠차로 향하는 노무라와 쿠알라에서 일단 헤어져 3월부터 4월에 걸쳐 누란 조사를 실행했다. 다치바나의 누란 조사 일정에 관해서는 당시 일기가 화재로 소실된 탓에 상세한 것은 알 수 없지만, 누란 조사를 시작하기 직전 투루판에 있던 다치바나에게 교토의 오타니가 중요한 정보를 전한 사실은 분명하다.

고즈이에게서 온 전보

이야기는 조금 거슬러 올라가는데 메이지 41년(1908) 11월 마침 다치바나 일행이 투루판 조사를 시작한 무렵, 일본에는 오타니 고즈이의 추천으로 누란 발견자인 스벤 헤딘이 와 있었다. 헤딘은 12월 2일 서본원사를 방문하여 1박을 하고 그때의 만남에서 누란의 위치가 동경 90도 북위 41도인 사실을 오타니에게 말했다. 오타니는 헤딘이 교토를 떠난 다음 날인 12월 13일, 다치바나에게 전보를 보내 그 정보를 알림과 동시에 자세한 내용을 적은 편지도 보낸 것이다.

　이러한 경위는 가네코 다미오金子民雄가 만년의 다치바나를 직접 취재하여 알려졌다. 로마자로 쓰인 전보 원문도 가네코가 소개하였다.[1]

　　교토 12월 13일

　　다치바나 일본… 투루판…

　　2588 90 2590 41 자네가 이야기한 동서에는 165 돌비석이 있다고

하네. 수색하라. 돈 보낸다. 돈 떨어질 때까지 발굴하라. 260의 오류.

아라비아 숫자 부분은 암호로 보인다. 2588과 2590은 각각 동경과 북위인데, 165와 260에 관해서는 다치바나도 기억하지 못한다고 전했다.

이와 같이 다치바나의 누란 조사는 오타니가 전달한 헤딘의 최신 정보를 기초로 발 빠르게 진행되어, 훗날 밝혀진 이백 문서李柏文書를 비롯해 수많은 종이 문서와 5매의 진대晉代 목간을 발견하는 등 커다란 성과를 거두었다.

그 후에도 다시 방문한 다치바나와 스타인, 서북과학고사단西北科學考査團의 폴케 베리만과 황문필黃文弼(황원비) 등이 지속하여 누란 조사를 진행하였다. 그리하여 발굴된 수많은 자료, 특히 누란 문서로 총칭되는 한문 및 카로슈티 문자로 쓰인 목간과 종이 문서를 통해 누란의 역사와 누란을 둘러싼 서역의 정치 정세 등이 서서히 해명되기 시작하였다. 다치바나가 제2차 탐험 때 발견하여 누란 문서 중에서도 가장 중요한 자료로 알려진 이백 문서를 예로 들어, 그 자료적 가치를 살펴보기로 하자.

이백 문서의 수수께끼

서역 여러 나라의 국제 정세

316년에 서진이 붕괴하자, 화북은 몹시 혼란스러워져 5호 16국 시대에 돌입했다. 그런데 변방에 있는 하서 지방은 안전지대였기 때문에, 중원에서 피난한 사람들이 모여들어 양주涼州는 그 중심지로서 번영하였다. 당시 양주는 서진에서 임명된 한인 양주자사涼州刺史 장궤張軌가 다스렸으며, 서진 붕괴 후에는 독립국의 양상을 띠고 있었다. 장궤는 어디까지나 서진의 가신 입장을 지켜 왕을 칭하지 않았으나, 그 손자인 장준張駿은 영화永和 원년(345)에 스스로 가량왕仮涼王이라 칭하고 전량前涼을 건국한다.

이백 문서는 전량 장준의 지배 하에서 서역장사西域長史에 임명된 이백이 쓴 서간 초고 2통 및 그와 관련 있는 크고 작은 문서 단편의 총칭이다. 2통의 서간 초고는 모두 5월 7일 자로, 이백이 서역의 어느 나라 왕 앞으로 보낸 서간이다.

이백 문서의 선구적 연구로서 이름 높은 하네다 도루羽田亨는 1911년 「대곡백작소장 신강사료해설大谷伯爵所藏新疆史料解說」[2]에서 지금까지도 인정받는 기본적인 해설을 내놓았다. 『진서晉書』 권86 「장준전張駿傳」에 장준의 명령으로 서역장사 이백이 전량에 귀순하지 않는 무기교위戊己校尉 조정趙貞을 토벌했으나 거꾸로 패퇴하자 장준 자신이 출병하여 토벌한 기사가 나오는데, 이백 문서 중에 '역적조□逆賊趙□'와 '신백언언기왕룡□臣柏言焉耆王龍□' 2통의 서간은 조정 토벌과 관계가

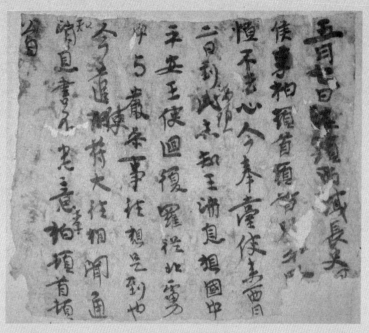

이백 문서, 류코쿠대학 소장

있는 내용으로 이백이 전량의 신하로 있던 언기왕焉耆王 용희龍熙에게 보낸 것이라는 견해다.

이백 문서는 『진서』 「장준전」의 기사와 일치하는 1차 자료로서, 그 검토에 따라 당시 전량과 누란의 밀접한 관계 그리고 서역 여러 나라의 절박한 국제 정세가 구체적으로 해명되었다. 그러나 자료 자체가 단편적인 탓에, 그 중요성과 함께 다른 견해나 앞으로 남겨진 과제도 적지 않다.

이백 문서의 수신인과 연대

가령 수신인의 문제에 관해서는 2통의 유사한 양식 때문에 하네다 이후 오랫동안 동일한 초고 2종으로 간주되어 왔다. 그런데 그 후 후지에다 아키라藤枝晃가 「누란문서찰기樓蘭文書札記」[3]에서 2통에 기록된 왕의 사자 이름이 다른 점과 문면과 필적의 차이를 들어 1통은 그 대상이 언기왕일 가능성이 높더라도 나머지 1통은 다른 국왕으로 해석하는 것이 타당하다는 새로운 견해를 제기하였다. 이백 문서는 누란에 주둔한 전량의 서역장사 이백이 서역의 여러 나라 국왕과 그 외 각 방면에 보낸 여러 서간의 초고라는 것이다.

서간 초고 2통의 연대에 대해 하네다는 조정 토벌과의 관련 속에서 함화咸和 3년(328)부터 함화 5년(330) 사이라 보았고, 마쓰다 히사오松田壽男는 『고대천산의 역사지리학적 연구古代天山の歷史地理學的研究』(1965)에서 하네다의 견해를 더욱 진척시켜 이백이 조정 토벌에 실패하기 전, 즉 조정 토벌 직전인 함화 3년(328) 5월 7일이라고 주장하였다.

이에 대하여 왕국유는 「로프노르 북쪽에서 출토된 전량서역장사 이백서고발羅布淖爾北所出前涼西域長史李柏書稿跋」[4]에서 어법과 서사 형식을 지적하며 다음과 같이 해석하였다. 우선 이백이 장준에게 올린 표문表文[*] 초고에서 보이는 '상서尙書' '신백언臣柏言'이라는 말은 장준이 왕을 칭한 이후, 즉 영화 원년(345) 이후를 시사한다. 따라서 2통의 서간 초고 또한 진대에 천자의 뜻으로 쓰인 '대臺' '조가詔家'라는 말이 장준을 가리키는 것으로 미루어 볼 때 표문과 동시기의 것이라는 주장이다.

한편 니시카와 야스시는 「이백서고연대고李柏書稿年代考」[5]에서 왕국유의 의견을 근거로 『진서』『위서』『자치통감』 등을 상세하게 분석하여 언기가 항복한 후, 장준이 죽기 이전인 영화 2년(346) 5월 7일로 추정하고 있다.

이백 문서의 출토지

이백 문서의 출토지에 관해서는 모리 시카죠森鹿三가 「이백문서의 출토지李柏文書の出土地」[6]에서 밝힌 누란 고성지(LA) 서남쪽 50여 킬로미터에 있는 성지(LK)에서 출토되었다는 것이 통설이다. 그런데 가타야마 아키오片山章雄는 「이백문서의 출토지李柏文書の出土地」[7]에서 이백 문서 발견 전후에 관련된 다치바나 즈이초의 관계 기록을 상세하게 검증하여 LK가 아니라 LA에서 출토되었다고 하였다.

---

[*] 예전에 사용하던 외교 문서의 하나다.

출토지 문제는 누란의 역사지리적인 문제와도 관련이 깊다. 앞에서 말한 바와 같이 헤딘이 LA에서 발굴한 한문 문서에 '누란'이라고 기록되어 있었기에 LA가 누란 고성지라고 규명했고, 그것은 스타인이 같은 곳에서 발굴한 한문 문서에서도 증명되었다. 한편 이백 문서의 서간 초고에는 발신지가 '해두海頭'로 기록되어 있어 지금까지는 LK 출토설에 따라 LK를 해두라고 해석하였다. 그러나 이백 문서의 출토지가 누란 고성지 LA임이 밝혀지자, '누란'과 '해두'라는 두 지명의 관계를 사료와 어긋나지 않게 어떻게 이해하면 좋을지 새로운 문제가 제기되었다.

이와 같이 이백 문서에는 현재에도 여전히 많은 수수께끼가 숨어 있어 앞으로의 연구 진전에 따라 보다 더 새로운 사실이 밝혀질 것으로 기대된다. 그런데 이백 문서는 지금까지 말한 서역 역사 연구에서의 의의와 함께 중국 서도사 연구 특히 왕희지 서법의 진상 해명이라는 점에서도 그 의미가 대단히 중요하다. 이 점에 관하여 니시카와 야스시의 연구를 중심으로 살펴보자.

이백 문서와 왕희지

니시카와 야스시의 쇼와 난정 기념전 강연

1973년 11월 25일, 고토미술관에서 니시카와 야스시는 '장금계노본에 관하여張金界奴本について'라는 제목으로 강연을 했다. 이 해는 왕희

지가 유명한 『난정서蘭亭敍』를 쓴 동진 영화 9년(계축 353)으로부터 27 번째의 계축에 해당하고, 그것을 기념해 「쇼와昭和 난정 기념전」이 개최되었다. 니시카와의 강연은 그 기념행사의 일환이었는데, 『난정서』 필적 모사본 가운데 「장금계노본」이 왕희지의 원본에 가장 가깝다고 간주된다는 것을 논증하는 내용이었다.[8]

마침 중국에서는 현존하는 『난정서』가 문장과 필체 면에서 지영智永*의 위작이라는 곽말약郭沫若(궈모뤄)의 논문 「왕사묘지에서 출토된 난정서의 진위를 논하다由王謝墓志的出土論到蘭亭序的眞僞」[9]를 계기로 난정위작설이 단숨에 떠오르고 있던 시기였다. 니시카와의 강연은 그에 정면으로 대립하는 견해였기에 화제를 모았다. 무엇보다도 「왕우군 연구의 초안王右軍硏究の草案」[10] 이래 반세기 가까이 서역 출토 진대 묵적 연구를 중심으로 왕희지 서법의 진상을 계속 규명해 온 니시카와가 그 독자적인 양식론을 '난정취송蘭亭聚訟'***이라 일컬을 만큼 가장 논란이 분분한 『난정서』에 적용하여 하나의 결론을 제시했다는 점에서 최대 의미를 부여할 만한 일이었다. 이 강연은 문자 그대로 '난정 기념'에 손색이 없는 학설을 제기한 하나의 사건이었다.

베일에 싸인 왕희지서의 진상

『난정서』를 비롯하여 『십칠첩十七帖』이나 『집자성교서集字聖教序』 등

---

* 수隋의 승려이자 왕희지의 7세손으로, 글씨에 뛰어나 해서와 초서의 천자문이 전해진다.

** 난정서와 관련한 모든 논쟁이 하나로 귀결됨을 의미한다.

230

왕희지의 서체는 임서臨書* 목록에 반드시 채택되었고, 이 밖에도 수많은 왕희지의 척독尺牘(편지)이 전해 오고 있다. 그러나 현존하는 왕희지 글씨는 모두 모사나 모각으로 전해진 것이고 진짜 서체라고 증명할 수 있는 것은 한 점도 없다. 따라서 비록 원본이 왕희지의 진적眞跡(친필)에서 유래했더라도 거듭되는 모사나 모각으로 인해 대부분 진적과 아주 현격한 차이가 생겨났으리라 예상된다. 또한 왕희지가 죽고 100여 년 후에 저술된 남조 송 우화虞龢의『논서표論書表』에는 당시 이미 왕희지의 가짜 작품이 많이 만들어졌다는 증언이 있으며, 양조梁朝나 당실唐室의 왕희지 수집품 중에도 의심스러운 것이 있었다는 감정 기록도 남아 있다. 이러한 점을 근거로 꽤 이른 시기부터 친필을 상회하는 엄청난 양의 가짜가 나돌고 있었으리라 쉽게 예상할 수 있으며, 애초 사본이나 각본의 원본조차 왕희지의 친필이 아니었을 가능성도 결코 적지 않다고 추측할 수 있다.

사정이 이러하니 현재 전해오는 왕희지 글씨의 진상이 두터운 베일에 싸인 것이 이해될 만하다. 앞서 말한 난정위작설 자체가 왕희지의 대표작으로 유명한『난정서』조차 한 껍질 벗겨보면 그 자료적 기반을 전혀 믿을 수 없음을 단적으로 말하고 있다.

물론 왕희지 글씨의 연구는 모사나 모각을 집성한 법첩을 중심으로 그 계보를 통해 원본을 규명하는 첩학帖學에서 일정한 성과를 축적하였다. 그러나 법첩의 계보를 따라 거슬러 올라가는 것이 가능한 시대

---

* 원서를 보고 그대로 베껴 쓰는 일.

장금계노본 난정서, 북경 고궁박물원 소장

는 최대한은 당대唐代지만 대부분은 송대宋代까지고, 왕희지의 진상을 이해하는 데에 첩학의 성과는 크게 도움이 되지는 않는다.

이백 문서의 중요성

왕희지의 진짜 글씨가 존재하지 않는 이상, 그 진상을 해명하는 데에 필요한 것은 비교 자료로 삼을 만한 동시대의 묵적墨跡이다. 그런데 왕희지와 동시대의 묵적은 거의 전해오지 않은 탓에 사본이나 각본을 원본과 비교하려 해도 지표가 없어 불가능한 상태였다. 이런 자료상의 제약을 타개하고 새로운 연구 진전을 가능하도록 해준 것은 20세기 이후 헤딘과 스타인, 다치바나 즈이초의 서역 탐험으로 발견된 진대 묵적이었다. 그리고 서역에서 출토된 진대 묵적의 중요성을 재빨

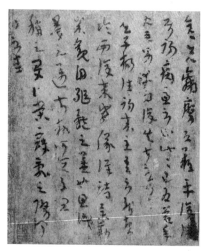

「평복첩」, 북경 고궁박물원 소장

리 인식하고 독자적인 양식론으로 왕희지 서법의 해명을 시도한 니시
카와가 중요한 지표로 삼은 것이 바로 이백 문서였다.

서역에서 출토된 진대 묵적 중에서도 특히 이백 문서가 중시된 이
유는 다음 두 가지다.

첫째, 이백 문서의 연대가 『진서』「장준전」의 기술 등에 의해 왕희지
와 동시대 것으로 확증된 점이다. 앞에서 설명했듯 니시카와는 왕국
유의 설을 근거로 영화 2년(346) 5월 7일로 추정하는데, 하네다와 마쓰
다의 주장을 지지해도 이백 문서의 연대가 왕희지의 20대부터 30대에
해당하는 점은 분명하다.

둘째, 이백 문서가 당시에 쓰인 서풍이나 양식을 담고 있다는 점이
다. 서북 지방은 서진 말기부터 중원의 혼란을 피한 귀족들의 피난처
로서 중원과는 문화적으로 독립된 지역을 형성하고 있었다. 하지만
이백 문서 이전에 이미 서북 지방에서 중원의 서풍이 쓰인 것은 육기
陸機의 『평복첩平復帖』이나 장안에서 출토된 주서묘권朱書墓券* 등과 서
북 지방에서 출토된 목간과 종이 문서와의 비교에서 증명되었다. 따
라서 서역장사라는 고위직 한인이 서역의 국왕에게 보낸 서간 초고인
이백 문서의 서법도 중원의 서풍과 다르지 않다고 간주할 수 있다.

니시카와 야스시의 왕희지 연구

니시카와는 이백 문서의 서풍에 관하여 정교하고 치밀한 분석을 진행

---

* 묘지에서 발견된 붉은 먹으로 작성한 문서.

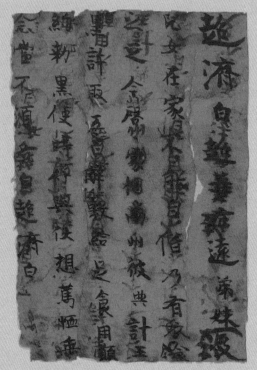

장초제문서, 스벤헤딘재단 스웨덴 국립민족박물관 소장

주서묘권

『행양첩』 프린스턴대학
부속미술관 소장

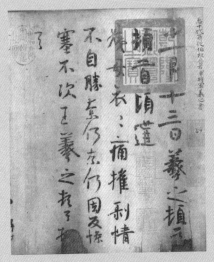

『이모첩』 요녕성박물관 소장

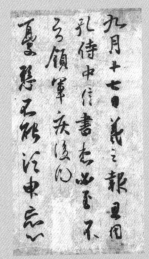

『공시중첩』 마에다육덕회 소장

『상란첩』 궁내청 산노마루쇼조칸 소장

하였다. 동시에 이백 문서가 헤딘이나 스타인이 발견한 장초제문서張超濟文書와 내용상 밀접한 관련이 있음을 인정하여, 두 자료군을 연결하고 연대 불명인 다수의 자료를 포함해 종합적인 관점에서 동진 초기 중원 서풍의 특징을 밝혀냈다.

그 결과를 기본으로 왕희지 글씨를 분석하자 그 양식적 변천 과정이 분명히 정리되었다. 이백 문서와 공통점이 있는 『이모첩姨母帖』과 『행양첩行穰帖』이 왕희지 장년기의 양식을 전하는 것인 데 반해, 이백 문서와 다른 『상란첩喪亂帖』이나 『공시중첩孔侍中帖』은 만년의 완성기 양식을 나타낸다는 것이다. 니시카와는 또한 「상란첩연대고喪亂帖年代考」[11]에서 연대 불명이었던 『상란첩』에 대한 상세한 내용 분석을 거쳐 영화 12년(356) 왕희지가 50세 때 글씨임을 밝혔다.

앞서 소개한 쇼와 난정 기념전의 강연에서 니시카와는 이러한 오랜 세월에 걸친 서역 출토 진대 묵적에 대한 연구를 근간으로 왕희지 글씨의 진상을 규명한 것이다. 『난정서』의 신빙성에 관해서는 그 후에도 여러 논의가 진행되었지만 대부분 문헌상에 나타난 『난정서』에 관한 기록을 문제 삼은 것이고, 그 서법의 양식적 분석에 있어 「장금계노본」의 중요성을 지적한 니시카와의 견해는 현재에도 독보적으로 중요한 의미를 지닌다.

20세기 초 이백 문서를 시작으로 한 서역 출토 진대 묵적의 발견과 니시카와 야스시의 연구 덕분에 전설 속에 전해 오던 왕희지 서체가 비로소 제자리를 찾았다고 해도 결코 과언이 아니다.

고고학의 현장 }

누란 문서의
번짐 막기

본문 중에서 다루지 못한 누란 문서의 의의 가운데 하나는 현재까지 알려진 가장 빠른 시기의 종이 문서라는 점이다. 서사 재료로서 종이는 후한의 채륜이 발명하였다는 주장이 일반적이다. 하지만 1986년에 감숙성甘肅省 천수天水의 방마탄放馬灘 전한묘前漢墓에서 종이에 그린 지도가 출토되고, 1990년부터 1992년에 걸쳐 발굴된 돈황 현천치懸泉置에서 전한 후기로 추정되는 문자가 쓰인 손상된 잔지가 발견되어, 이미 기록을 위한 종이가 전한에 존재한 사실이 실증되었다. 다만 지금까지 발굴된 출토문자 자료의 실태를 보면 한대의 일반적인 서사 재료는 역시 죽간이나 목간이고, 종이가 널리 보급된 것은 삼국 시대부터 진대, 즉 3세기부터 4세기로 보인다. 누란 문서는 바로 이 시기의 자료이고 종이가 서사 재료로서 보급되기 시작한 무렵의 실태를 확실하게 이해하는 데에 대단히 중요한 역할을 하는 것이다.

　이러한 점에서 중요한 연구로는 도쿄 국립문화재연구소의 마쓰다 가쓰히코增田勝彦가 쓴 「누란문서−잔지에 관한 조사보고樓蘭文書−殘紙に關する調査報告」[1]가 있다. 이것은 스벤 헤딘이 누란에서 발견한 한문

종이 문서 가운데 26점에 관하여 그 지질을 과학적으로 분석한 보고서이며, 1,700여 년 전 종이의 실태를 상세한 자료 조사와 수많은 사진으로 명확하게 설명하고 있다.

그중에서도 특히 26점에 대한 조사 결과를 개관해서 네 부분으로 정리한 점이 돋보이는데, 내용은 다음과 같다.

① 표면의 매끄러움에 큰 차이가 없다.
② 대자리 눈이 3센티미터 당 13개비에서 19개비다.
③ 뒷면에 솔 자국이 있다.
④ 먹의 번짐이 보이지 않거나 혹은 적다.

이 공통점으로 누란 출토 문서 용지에 관해 추측해 보면, 우선 질이 좋거나 저급한 종이 모두 비교적 그물눈이 거친 거름 발(띠나 억새로 만든다)을 사용하여 건조할 때 회반죽벽 같은 매끄러운 면에 동물성 가느다란 털의 솔을 사용해 붙이고 번짐 방지제를 도포한 듯하다.

우리 실험에 의하면, 마麻 섬유는 통상 수준으로 빻아 부수어 미세하게 만들어도 먹의 번짐을 막기가 어렵다. 먹이 번지지 않는 마 종이를 만들려면 완성된 종이가 반투명이 될 정도로 섬유를 빻아 부숴야 한다. 누란 문서에서는 질이 좋은 종이라도 꽤 불투명하다. 그래서 뭔가 번짐 방지제를 도포한 것이라고 추측한 것이다.

이와 같이 마쓰다는 누란 문서에 번짐 방지제가 도포되었을 가능성을 지적하였고, 또한 비스듬히 비치는 광선으로 촬영한 사진에서 서사면書寫面이 매끄러운 것을 봤을 때 '떠올린 종이에 뭔가 미세한 것을 스며들게 해서 벽에 붙인 것이 아닐까' 하고 추정하였다. 지면에 도포된 '뭔가 미세한 것'에 관해서는 유감스럽게도 그 이상의 언급이 없었으나, 종이가 서사 재료로서 보급되기 시작한 시기에 번짐 방지제가 도포된 것은 거의 확실해 보인다.

필자가 특히 이 번짐 방지 문제에 주목한 것은 이전에 상해박물관에서 전국 시대에 필사된 초 죽간을 실제로 봤을 때 품었던 의문과 그 것에 대한 가설을 떠올렸기 때문이다.

그 의문이란, 죽간이 아주 얇은 대나무에 먹으로 쓴 것인데, 어떻게 전혀 먹이 번지지 않나 하는 점이었다. 죽간은 모두 푸른 표면이 아니

누란 잔지의 표면

라 안쪽 부분을 얇게 깎아 만드는데, 보통 여기에 먹으로 글씨를 쓰면 세로로 뻗은 무수한 섬유질에 먹이 스며서 번져 버린다. 그런데 상해 박물관에서 본 죽간의 문자는 전혀 그런 흔적이 없고 마치 반들반들 매끄러운 질 좋은 종이 위에 사인펜으로 쓱쓱 쓴 것만 같은 필적이다. 상해박물관 전시실의 하나인 중국 역대 서법관에는 10간 분량의 죽간이 세로 2미터에 가까운 매우 선명하고 커다란 확대 사진 패널로 전시되어 있는데, 그것을 봐도 섬유질에 스민 번짐은 전혀 나타나지 않고 먹이 끊긴 것도 인지할 수 없었다.

이 의문에 대한 답으로, 우선 꽤 진한 먹을 썼다고 생각해 볼 수 있다. 그러나 먹이 진하면 붓이 마음대로 움직이지 않고 정체되어, 전국 초간에 항상 등장하는 획수 많은 복잡한 형체의 문자를 꽤 빠른 속도로 쓰기란 도저히 불가능하다. 게다가 아무리 진하게 하더라도 대나무 표면에 쓴 경우에는 섬유질을 타고 약간의 번짐이 생기고 만다. 그래서 생각해 낸 가설이 죽간의 서사면에 뭔가 처리를 하지 않았을까 한 것이다.

누란 문서에 번짐 방지제를 발랐다면, 종이 이전에 사용된 죽간에도 뭔가 번짐 방지 처리를 했다고 봐도 크게 무리가 없다. 물론 이는 최종적으로 누란 문서와 마찬가지로 죽간도 과학적인 분석을 시행해야 해결되는 문제로, 현시점에서는 어디까지나 추측에 지나지 않는다. 하지만 이 가설을 따르면 누란 문서에 사용된 번짐 방지 기술은 서사 재료로서 종이가 보급되면서 새로이 개발된 것이 아니라, 죽간 시대부터 이미 존재하였던 기술의 전용 또는 응용이었다는 해석이 가능하다.

 즉 번짐 방지제를 도포하여 서사면을 매끄럽게 하는 죽간 시대의
기술 덕분에 제지법이 아직 충분히 발달하지 않았던 초기 단계에 종
이 보급이 크게 확대될 수 있었다는 추측이 가능해지는 것이다.

당대인이 연습한
왕희지의 글씨

투루판 출토 문서

기원전
1500

은

1000

서주

춘추

500

전국
진

전한

신

0

후한

삼국

서진

동진 — 왕희지

500

남북조

수 — 「상상황기」첩

당

1000

오대십국

북송

남송

원

1500

명

청 — 출토

중화민국

중화인민
공화국 — 2000

'서성書聖' 왕희지라는 호칭이 결정된 당대. 왕희지의 글씨는 어떻게 인정받은 것일까?

투루판에 산재하는 고분군의 발굴로 출토된 문서 중에서, 당대인이 연습한 왕희지의 글씨가 발견되었다. 그 검토 결과 당대에 왕희지가 받아들여지기까지, 그동안 알려지지 않았던 일면이 드러났다.

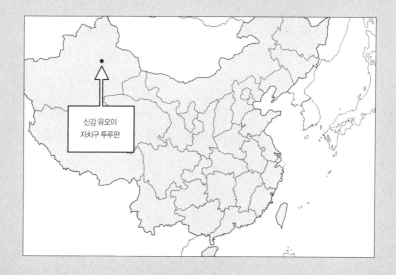

신강 유오이
자치구 투루판

역사의 음과 양

『사기』나 『한서』 등 역대 정사를 비롯한 역사서는 국가 제도와 행사, 전쟁과 천재지변, 황제와 귀족의 전기 등, 일반 서민에게는 비일상적인 사항을 기록하였다. 대부분 기록으로 남길 만한 가치가 있다고 간주된 특수한 사건들이고, 반대로 말하면 서민의 하루하루 일상다반사에 속하는 기록은 역사서 속에서는 거의 발견할 수가 없다. 그 결과 오랜 세월이 지나면 당시의 일반적인 사항일수록 분명하지 않은 탓에 얄궂게도 뒤바뀌는 현상이 생겨나곤 한다.

투루판 출토 문서의 성격

출토문자 자료는 이렇듯 역사서에 기록되기 어려운 역사의 그늘진 부분을 비추어 밝혀내 주는 것이 많다. 이것이 동시대 자료로서의 결정적인 의의라 할 수 있다. 앞으로 다룰 투루판 출토 문서도 1900년경에 돈황 막고굴莫高窟에서 발견된 돈황 문서와 함께 당대唐代의 서민 생활과 밀착된 풍부한 내용을 담고 있는 점이 그 중요한 특색이다.

신강 유오이維吾爾 자치구 박물관의 고고공작대考古工作隊는 1959년부터 1975년까지 13차례에 걸쳐 투루판의 아스타나와 카라호자에 산재하는 456기의 고분을 발굴했다. 묘주는 대부분 중하층민으로 그중 118기에서 대량의 문서가 출토되었다. 대부분이 다시 사용한 폐기 문서로서, 그 종이로 시신의 몸에 걸치는 모자·띠·신 등을 만들거나 관 같은 장례 기구 재료로 활용한 것이었다. 산산이 조각난 문서의 단편을 이어 붙인 결과 2만 7,000여 개의 단편에서 한자로 기록된 한문 문서 1,600여 점이 나왔다. 문서 연대는 제일 오래된 것은 전량 승평升平 11년(367)이고 가장 늦은 것은 당의 대역大曆 13년(778)에 이른다. 전체적으로 당대 문서가 다수를 차지하고 있다. 투루판 출토 문서는 도판과 석문을 수록한『투루판 출토문서吐魯番出土文書』네 권에 의해 그 전모가 분명히 드러났다. [1]

　투루판 출토 문서의 자료적 가치 중, 서도사의 관점에서 주목되는 것은 당시 서민의 문자 학습 상태를 전하는 습서習書다. 습서의 내용은『천자문千字文』과『논어論語』등 훈몽서訓蒙書로서 초학자가 글을 익히는 다양한 교과서 중심인데, 그중에서도 흥미로운 것이 바로 왕희지 습서다.

투루판의 옛 성터, 고창 고성

종이로 만든 관

0 1 2 3 4 5 cm

신발로 사용된 문서

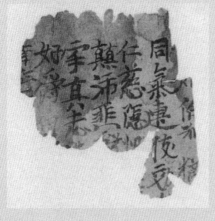

투루판 출토 『천자문』

당대의 왕희지 수용

'당대의 왕희지 수용' 하면 바로 떠오르는 것은 바로 왕희지를 존중한
태종太宗이다. 육조 시대의 서론書論에 의하면, 왕희지 글씨를 존중하
는 태도는 이미 그가 생존한 당시부터 나타났으며, 남조의 여러 왕조
에서는 왕희지 글씨를 수집하는 일이 일종의 신분의 상징이었다. 그
리고 그 영향력을 결정지은 것은 왕희지 시대로부터 300년쯤 후의 당
태종이었다. 갖은 수단과 말재주로 속여서 빼앗은 『난정서』이야기나
왕희지의 글씨를 감정해서 한 번도 실수가 없었다는 저수량褚遂良의
이야기 등, 태종이 왕희지 수집에 몰두한 몇몇 일화가 오늘날에도 회
자된다. 또한 당시 존재했던 왕희지 서법서의 편린은 현재에도 『상란

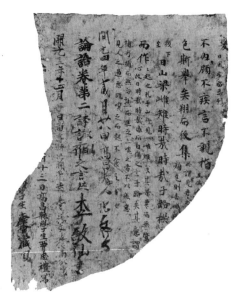

투루판 출토 『논어』

첩』『공시중첩』『만세통천진첩萬歲通天進帖』이라는 당 모사본을 통하여 엿볼 수 있다.

하지만 문헌에 남아 있는 왕희지 서법서를 중심으로 한 수장이나 감상의 기록은 궁정이나 귀족 세계의 이야기고, 오늘날 도판 등으로 보는 당 모사본도 당시에는 상류층 계급이 감상한 일품 중의 일품이었다. 즉 우리가 이해하는 당대의 왕희지 수용 정도는 상류층의 극히 한정된 범위에 한했다.

반면 지방 관리나 학생 등은 왕희지의 어떠한 글씨본을 어떻게 배워 나갔는지, 즉 당대 서민이 왕희지를 받아들인 실태는 자료상의 제약으로 거의 알려지지 않았다. 투루판 출토 문서에 보이는 왕희지 습서는 이러한 서도사의 그늘진 부분에 빛을 비춰준 귀중한 자료인 것이다.

투루판에서 출토된 왕희지 습서 중에서 현재는 잃어버린 「상상황기尚想黃綺」첩帖을 예로 들어 당대 서민이 왕희지를 수용한 상황을 일부 살펴보기로 하자.

당태종

왕희지 「상상황기」첩의 발견

9점의 문서 잔편

앞서 언급했듯이 투루판 출토 문서는 폐기 문서를 조각조각 재단한 것이어서 내용 파악이 곤란하고 이어 붙일 수조차 없는 문서의 잔편이 많다. 이렇듯 극히 단편적인 자료지만, 문자 그대로 단간영묵斷簡零墨* 중에 귀중한 자료가 포함된 예는 적지 않다. 필자도 전에 이런 발견을 한 적이 있다.

1997년 여름, 투루판 출토 문서에 보이는 측천문자則天文字에 관해 조사하기 위해 입수한 지 얼마 되지 않은 『투루판 출토문서』 제3권을

---

* 종이가 서사 재료로 사용되기 이전의 죽간·목간과 한 방울의 먹이라는 의미로서, 종잇조각에 적힌 완전하지 못한 조각난 글을 이르는 말.

18/1   18/2   18/3   18/4

보던 중, 문득 72TAM179:18/1~18/9 정리 번호가 붙은, 방추형 모양의 문서 잔편 9점이 눈에 들어왔다.

　이것은 1972년에 아스타나 179호 묘에서 발견된 문서로서 방추형으로 재단된 이유는 피장자의 종이 신발 바닥에 잘라 붙여져 있었기 때문이다. 18/8·9 자료에 제목으로 "삼월십구일 영고자민 방서三月十七日令孤慈敏放書"(18/8), "삼월십구일 학생 영고자민三月十九日學生令孤慈敏"(18/9)이 보이고, 같은 글자를 세로로 두 행씩 반복해서 이어 쓴 형식을 볼 때, 학생이었던 영고자민이 글씨를 연습한 단편으로 생각된다. 제목 중 '월月' '일日' 등 측천무후 시대, 즉 재초載初 원년(690)~신룡神龍 원년(705)에 사용된 측천문자가 발견된 것으로 미루어 서사 연대는 7세기 말부터 8세기 초라고 추정된다.

　『투루판 출토문서』 제3권에는 단지 '문서 잔편'이라고 기록되어 있어 이 습서의 내용에 관해서는 밝혀지지 않았지만, 필자는 '항행抗行'

18/5　　18/6　　18/7　　18/8 · 9 투루판 출토 문서
72TAM179:18/1~18/9

'장초張草'라는 문자의 나열을 보고 짐작 가는 부분이 있었다. 이것은 당의 장언원張彦遠이 편집한 『법서요록法書要錄』 권1에 수록된 「진왕우군자론서晉王右軍自論書」의 제1단에 해당하는 어구였다. 이하 그 부분을 인용하여 습서에 보이는 문자를 밑줄로 표시해 보겠다.

吾書比之鍾 · 張, <u>當抗行</u>, <u>或謂過之</u>. 張草猶當雁行. 張精熟過人, 臨池學書, 池水盡墨. 若吾耽之若此, 未必謝之. 後達解者, 知其評之不虛.

나의 글씨는 종요와 장지에 비하자면 대등하거나 혹은 그 이상인데 장지의 초서와는 대체로 대등하다고 할 수 있다. 장지의 정밀하고 숙련된 서체는 남보다 뛰어난데, 이것은 연못 옆에서 붓을 연못에 빨면서 연못물이 전부 먹물이 될 정도로 글씨를 연습하였기 때문이다. 만약 내가 이와 같이 글씨에 골몰하였다면 반드시 이렇게 겸손하지는 않았을 것이다. 훗날 글씨체에 정통한 사람이 있다면 이러한 평이 빈말이 아님을 알 것이다.

왕희지가 자신의 글씨를 장지나 종요와 비교한 이 말은 왕희지가 죽고 100여 년 후에 저술된 송나라 우화의 『논서표』에 이미 등장하며, 당대에 성립된 『진서』 「왕희지전」 및 손과정孫過庭의 『서보書譜』 등에도 인용되어 당시 널리 알려진 일화였다.

---

* 진왕우군은 왕희지를 가리키는 말로서 왕희지가 서술한 서론을 당 시기 장언원이 『법서요록』에 수록하고 「진왕우군자론서」라 명명하였을 것으로 추정한다.

「상상황기」첩의 복원

필자가 이 습서와 「진왕우군자론서」를 연결할 수 있었던 데는 이유가 하나 있다. 그것은 이전에 『중국서론대계中國書論大系』제6권[2] 월보에 게재되었던 이케다 온池田溫의 「돈황본에 보이는 왕희지론서敦煌本に 見える王羲之論書」라는 논문을 대단히 흥미 깊게 읽었기 때문이다. 「진 왕우군자론서」에 관해서는 일찍부터 왕희지의 편지 가운데 후세 사람 이 서書에 관한 부분을 발췌하고 일부 내용을 보완하여 하나로 연결시 킨 흔적이 있다는 점을 지적하였는데, 이케다의 논문은 이 추측을 돈 황 문서를 검토해서 실증한 것이었다.

이케다는 대영도서관이 소장한 스타인의 장래돈황 한문문헌 S214 호 및 마찬가지로 대영도서관이 소장한 스타 인의 장래돈황 한문문헌 S3287호에 보이는 「진왕우군자론서」의 제1단과 일치하는 제목 없는 문장의 첫머리가 「상상황기」인 것에 주 목하였다. 이러한 돈황본은 「도은거여양무제 논서계陶隱居與梁武帝論書啓」(『법서요록』 권2)와 저수량이 『진우군왕희지서목』(『법서요록』 권3) 에 기록한 왕희지의 「상상황기」첩의 끝부분 이고, 「상상황기」첩이 「진왕우군자론서」의 원 자료 가운데 하나였음을 확실히 밝혀 주었 다. 「상상황기」첩은 이미 없어져 전해오지 않 지만 이케다는 2점의 돈황본과 저수량의 「진

장래돈황 한문문헌 S214호

「우군왕희지서목」에 보이는 「상상황기 칠행七行」을 기재하여 「상상황기」첩 원본을 다음과 같이 복원한 것이다.

1 尙想黃綺, 意想疾於訧, 年在裏.

2 吾書比之鍾 · 張, 鍾當抗行, 或謂

3 過之. 張草猶當鴈行, 然張精熟,

4 池水盡墨. 假令寡人訧之若此,

장래돈황 한문문헌 S3287호

5 未必謝之. 後之達解者, 知其評

6 之不虛也. 臨池學書, 池水盡墨.

7 好之絕倫, 吾弗及也.

　이 본문을 근거로 하여 투루판 출토 습서의 자구字句를 검토하니, 그 전부가 「상상황기」첩의 본문 중에서 확인되었다. 「상상황기」첩과의 대조를 통해 투루판 출토 습서의 저본이 된 본문을 복원하면 다음과 같다.

　　…… 當抗行或謂過之張草 ……(18/6~8 · 18/5)
　　…… 若此未必謝臨學後之 ……(18/1~18/4)

　이케다의 복원과 비교하면 투루판 출토 습서는 제5행의 네 번째 글자 '之'를 빠트리고, 이어지는 제6행의 '임지학서'를 '임학'으로 잘못 보고 착각해서 쓴 것이라 추측할 수 있다. 이러한 검토에 따라 투루판 출토 습서는 「상상황기」첩의 일부인 것이 판명되었다. 더구나 잘못 보고 쓴 것으로 간주되는 오사誤寫와 저수량의 「진우군왕희지서목」 기재에서 복원된 행이 줄어든 것과 연관성이 인정되기 때문에, 습서의 저본이 된 교재는 「진우군왕희지서목」에 기재된 체재와 일치하였을 가능성도 지적된 것이다.

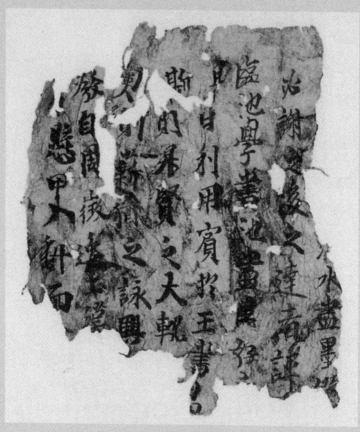

오타니 문서 중의 「상상황기」 첩

오타니 문서에서의 발견

투루판 출토 문서에서 「상상황기」첩의 습서가 검출되자 필자에게는
또 하나의 의문이 생겼다. 일본의 오타니 탐험대가 20세기 초 중앙아
시아 탐험에서 발견한 투루판 문서에도 「상상황기」첩이 존재했는지
궁금해졌던 것이다. 즉시 류코쿠대학 도서관이 소장한 '오타니 탐험
대 장래서역 출토문서'(이하 오타니 문서)를 조사해 보니 4087번호가 붙
은 단편 안에 「상상황기」첩의 일부에 해당하는 어구가 발견되었다.

　『오타니문서집성大谷文書集成 이貳』[3]의 석문은 '당시唐詩 단편'이지만
처음 3행은 다음에서 보이는 것과 같이 분명히 「상상황기」첩의 후반
부분에 해당한다.

4087　唐詩 斷片 15×13.5

　　　（전결）

　　1　　　……□水盡墨□……

　　2　必謝之後之達者評……

　　3　臨池學善池盡墨好□……

　　4　則日利用賓於王善□……

　　5　斯則昇覽之大軌……

　　6　奧則薪猶之詠興……

　　7　發自周徵逸士漢*……

　　8　□懸甲入科而……

　　　（후결）　　　　　　　　*남은 획 등에 의한 추측 보충 글자

여기서 처음 3행에 대하여 앞의 교정 본문에 따라 덧붙이고 후반의 결손 부분을 복원해 보겠다.

1 ……池水盡墨. 假(令寡人軏之若此, 未)
2 必謝之. 後之達(解)者, (知其)評(之不虛也.)
3 臨池學書, 池(水)盡墨. 好之(絕倫, 吾弗及也.)

이러한 검토 결과 이케다가 지적한 두 점의 돈황 문서 외에 투루판 출토 문서 TAM179:18과 오타니 문서 4087호 두 점에도 「상상황기」첩이 확실히 존재하였다.

왕희지 「상상황기」 첩의 성격

당대의 광범위한 유행

그러면 돈황 문서와 투루판 문서에서 찾아낸 「상상황기」첩의 습서는 서도사 혹은 보다 넓게 문화사에서 어떻게 자리매김할 수 있을까.

「상상황기」첩의 습서가 돈황뿐만 아니라 투루판에서도 출토된 것은 「상상황기」첩이 서역에서 널리 보급되었음을 의미한다. 그러나 이것은 서역에 독자적으로 정착한 문화의 일부 현상이라기보다 오히려 중앙의 실태를 반영한 현상으로 보는 편이 타당하다. 또한 TAM179:18이 7세기 말부터 8세기 초의 서사인 것에 비해, 지배문서

紙背文書*에서 볼 수 있는 간지干支에 의해 S214호가 10세기, S3287호가 9세기의 서사로 추정되므로 「상상황기」첩은 당대에 유통된 것이 분명하다.

또한 일본의 옛 기록을 조사해 보면, 다음과 같이 헤이안 시대 중기 후지와라노 유기나리藤原行成의 『권기權記』 관홍寬弘 8년(1011) 6월 8일 조의 「의양전어본육권宜陽殿御本六卷」에 왕희지의 「진서악의론眞書樂毅論」「진서황정경眞書黃庭經」과 더불어 「진서상상」이 발견된다(밑줄 부분).

> 八日庚戌 參內, 去寬弘五年四月十四日所借賜宜陽殿御本六卷, 一張芝千字文, 一同草香一天,   一王羲之眞書樂毅論, 一同眞書黃庭經, 一同眞書尙想, 一同眞書河圖, 付頭中將令反上, ……

> 8일 경술일 궁궐에 출근했다. 관홍 5년 4월 14일 의양전어본 6권을 빌렸다. 장초의 『천자문』과 『초향일천』, 왕희지의 『진서악의론』『진서황정경』『진서상상』『진서하도』다. 중장 책임자에게 반납하도록 하라.

이렇듯 「상상황기」첩이 일본에 전래된 연유도 당나라에서 광범위하게 유행한 결과로 이해할 수가 있다.

여기서 문제는 「상상황기」첩의 유행을 당대에서 왕희지 법서가 보인 전반적 경향의 일환으로 볼 것인지 아니면 「상상황기」첩 고유의

---

* 서사 재료로서 종이가 귀했던 시절 한 번 쓴 종이의 뒷면을 이용하여 별도의 문서가 작성된 경우, 먼저 쓰인 면의 문서를 말한다.

현상으로 보아야 할지 여부다. 그래서 돈황본과 투루판본에서 「상상황기」첩 전후에 서사된 자료 그리고 함께 출토된 문서와의 관련 속에서, 그 성격을 살피고 당대에서 유행한 요인에 관하여 고찰해 보고자 한다.

우선 주목되는 것은 돈황본의 「상상황기」첩이 당시의 글씨 연습 교재였던 『행인전첩行人轉帖』『사사전첩社司轉帖』이나 『천자문』과 비슷하게 서사된 사실이다. 또한 투루판 출토 습서 중에도 아스타나 179호묘에서 TAM179:18과 함께 출토된 문서에 같은 형식이면서 다른 필적인 『천자문』습서(72TAM179:17/1~17/4) 4점이 있고, 오타니 문서에도 「상상황기」첩에 바로 이어지는 문서로 글씨 연습 교재로서 널리 사용된 『토원책부兔園册府』가 나온다. 이러한 여러 자료에 근거하면 돈황 문서나 투루판 출토 문서에서 보이는 「상상황기」첩의 습서는 왕희지 법서가 전반적으로 유행한 상황에서 더불어 주목받았다기보다는, 「상상황기」첩만이 특별히 유행했다고 이해하는 편이 타당해 보인다.

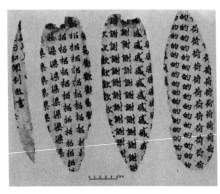

「천자문」습서

유행의 이유

그렇다면 수많은 왕희지 법서 중에서 왜 「상상황기」첩이 초학자를 대상으로 하는 훈몽서 글씨본으로서 유행한 것일까.

무엇보다도 「상상황기」첩의 서체가 해서였다는 점을 들 수 있겠다. 「상상황기」첩이 해서였음은 저수량의 「진우군왕희지서목」의 「정서正書」에 기록된 바를 통해 알 수 있다. 이것은 습서의 서체에서도 입증된다. 말할 것도 없이 당대에서 초학자 습서의 중심은 해서였다. 예를 들면 『투루판 출토문서』에 11점 보이는 『천자문』 습서 전부가 해서인 것이 그 구체적 증거다. 당시 왕희지 법서는 글씨본으로서 최고의 위치에 있었고 당연히 숙련 단계가 있을 터, 무엇보다도 해서였기에 초학자의 교재로서 선택될 수 있었던 것이다.

더욱이 「상상황기」첩이 연습용 글씨본으로 널리 보급된 것은 왕희

---

* "왕희지가 문안인사 드립니다"로 시작하는 왕희지의 편지글.

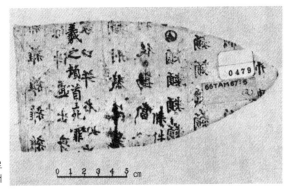

「희지돈수羲之頓首」로*
보이는 습서

지가 스스로의 서체를 장지·종요와 비교한 결과이기도 하다. "연못물이 전부 먹물로 되었다"는 고사를 근거로 장지의 노력을 칭찬하고 부단한 학습의 중요함을 강조한 내용은 다른 데서는 찾아보기 어렵다.

즉 「상상황기」첩은 서체와 내용 양면에서 초학자에게 가장 적합한 글씨본으로서 왕희지 서법서 가운데 고유한 위치를 차지한 것이라고 추측할 수 있다. 앞서 말한 당대 문헌 『법서요록』에 「왕희지자론서」의 제1단 부분이 여기저기 보이는 것도, 이러한 「상상황기」첩이 연습용 글씨본으로서 유행한 상황이 그 배경임을 이해할 수 있다.

잃어버린 「상상황기」첩의 수수께끼

그렇게 광범위하게 퍼져 있던 「상상황기」첩은 왜 그 후 사라져 버린 것일까? 이것을 분명하게 알기 위해서는 당대에 유행했던 「상상황기」첩의 실태를 살필 필요가 있다.

습서와 왕희지의 사이

앞에서 말한 4점 중 돈황 문서의 2점은 「상상황기」첩 전문을 쓴 것으로, 본문 복원에 중요한 역할을 담당하였다. 그런데 앞뒤에 나오는 다른 문서와의 사이에 현저한 서풍의 차이가 나타나지 않는 데다 비교적 조악한 글쓰기인 걸로 볼아, 이것만으로 당시 쓰이던 서법서로서의 「상상황기」첩의 실태를 살피기란 곤란하다. 이는 오타니 문서

10	9	8	7	6	5	4	3	2	1	
若	草	張	之	過	謂	或	行	抏	當	「상상황기」첩
若	草		之			或	行		當	악의론
		張	之	過			行		當	황정경
若	草			過	謂		行	抏		동방삭화찬

18	17	16	15	14	13	12	11
之	後	學	臨	謝	必	未	此
	後				必	未	此
	後		臨				此
		學	臨		必		此

「상상황기」첩 습서와 왕희지 글씨의 비교

4087호도 마찬가지다. 이에 반해 72TAM179:18은 「상상황기」첩의 전 80자 가운데 18자가 남아 존재하는 단편에 지나지 않지만, 다른 3점과는 달리 동일 글자가 반복되는 형식을 취하고 실수로 잘못 보고 쓴 것이라고 간주되는 오사誤寫의 존재로부터 글씨본을 실제로 보면서 습서한 것이 거의 확실하기 때문에 그 자형이나 서풍을 어느 정도 반영한 것으로 추측할 수 있다.

물론 습서와 글씨본의 관계를 명확하게 파악할 수 없는 이상, 습서의 서법에서 글씨본의 실태를 살피는 방법은 분명히 한계가 있다. 그러나 72TAM179:18에 관해서는 다수의 동일한 글자를 비교한 결과 글자의 자형이나 서풍이 안정되고 영고자민이 서사에 어느 정도 재주가 있던 것이 증명되었으며, 더 나아가 본문의 다른 곳에 거듭 나오는 '之' 자가 형체를 달리 하는 점과 제목에 '방서放書(=倣書)'로 명기되어 있는 등, 습서와 글씨본의 밀접한 관계를 구체적으로 시사하는 사례임을 알 수 있다. 따라서 습서의 서법을 기본으로 당시 쓰이던 「상상황기」첩의 실태를 유추하는 일이 반드시 무효한 시도는 아니라고 생각된다.

사진 자료에 의한 분석의 한계를 충분히 고려해야겠지만, 습서의 서법은 분명 해서의 삼절 구조와 간가결구법間架結構法*이 완성된 이

---

* 『간가결구적요구십이법間架結構摘要九十二法』에서 당초 구양순歐陽詢의 「결자36법」과 명대 이순李淳의 「대자결구팔십사법大字結構八十四法」을 기초로 한자의 결구(글자의 비례, 균형, 조응 등의 원칙) 결합 규칙을 분석한 법칙이다. 92종의 한자 결체結體의 서사 방식을 정리한 내용이다.

후 당대 양식을 농후하게 띠고 있다. 당대 이후의 영향이 지적되고 있는 현존하는 왕희지 정서正書『악의론』『황정경』『동방삭화찬東方朔畵贊』과의 사이에 많은 공통점이 있다. 습서가 글씨본을 어느 정도 반영하고 있는지 명확하지 않은 탓에 단정적으로 말하긴 어렵지만 습서의 서법에 관하여 이러한 견해가 허용된다면, 그 기본이 된「상상황기」첩의 서법도 잔지 등 출토 자료에서 짐작되는 왕희지 당시의 양식에 비해 오히려 당대 양식에 의해 전해진 왕희지 정서법에 가깝지 않았을까 추측해 본다.

귀족들 사이「상상황기」첩

다음으로는 당대에 궁정이나 귀족은 왕희지를 어떻게 받아들였는지의 관점에서 이 문제를 생각해 보자.

『법서요록』에는 무평일武平一의「서씨법서기徐氏法書記」(권3), 서호徐浩의「고적기古蹟記」(권3), 장회관張懷瓘의「서고書估」(권4)와「이왕등서록二王等書錄」(권4) 등, 당대 궁정이나 귀족들이 왕희지 서법서를 수장하거나 산일散逸한 기록이 수록되어 있다. 이들 기록에서 탁월한 서체의 감상을 중심으로 왕희지를 수용한 상류층 분위기를 엿볼 수가 있다. 여기에서 주목되는 것은「상상황기」첩에 관한 기록이 저수량의「진우군왕희지서목」이외의 당대 문헌에서 발견되지 않는 점이다.「상상황기」첩이『악의론』이나『황정경』처럼 하나로 정리된 책이 아니었다는 점도 고려할 필요가 있다. 가령 장회관의「서고」에는 왕희지 법서에서 해서의 가치가 그 희소성과 함께 한층 더 높아지는데 종소

경종紹京이 아낌없이 돈을 써 찾아보아도 해서는 한 글자조차 구할 수가 없었다는 기술이 보인다. 장회관의 「이왕등서록」에는 잇따른 산일로 인해 당시 숙종조肅宗朝의 궁정에서 왕희지의 해서가 10장紙에도 미치지 못했다고 기록되어 있다. 따라서 왕희지 서법서에서 해서가 차지하는 이러한 희소가치를 근거로 보았을 때, 「상상황기」첩의 진짜 서체거나 그에 비견할 만한 것이 현존한다면 당연히 어떠한 언급이라도 있었을 법하다.

이와 같이 추측해 보면 「상상황기」첩에 관한 기록이 저수량의 「진우군왕희지서목」 이외에 보이지 않는 까닭은, 당시 연습용 글씨본으로서 널리 쓰이던 교재가 이미 왕희지의 진짜 서체와 크게 다른 모습으로 변질되어 귀족들의 감상 대상조차 될 수 없었던 사정을 말해 주는 것은 아닐까.

이쯤 되면 「상상황기」첩의 명칭을 전하는 가장 오래된 문헌인 「도은거여양무제논서계」(「법서요록」 권2)를 떠올려볼 만하다.

> 尙想黃綺一紙, 遂結滯一紙 凡二篇, 並後人所學, 甚拙惡, …… 右十一條, 非右軍書.
> 「상상황기」 1장, 「수결체」 1장. 대체로 두 편은 후세 사람들이 배우기가 매우 쓸모없고 좋지 않다. …… 이상의 11조항은 우군서가 아니다.

도홍경陶弘景이 궁정에서 소장한 「상상황기」첩에 관하여 「수결체」 1장과 더불어 "후세 사람이 배우는 바에 있어 몹시 서투르고 나쁘다"

世人多以樂毅不時拔莒即墨

訝之

夫求古賢之意宜以大者遠者先之必迂迴

而難通然後已焉可也今樂氏之趣或者其

未盡乎而多劣之是使前賢失指於將來

不亦惜哉觀樂生遺燕惠王書其殆庶乎

機合乎道以終始者與其喻昭王曰伊尹放

고 평하고 있는 부분이다. 이 기록은 후세 사람이 배우던 「상상황기」 첩의 조악한 교재가 양대梁代에 이미 유포되어 있었음을 시사한다.

　도홍경의 증언과 지금까지의 추측을 연결해 보면 당대에 광범위하게 유행한 「상상황기」첩이 그 후 산일된 원인은 이러하다. 이미 왕희지 법서로서의 권위를 잃은 「상상황기」첩이 지나친 유행으로 인해 더더욱 유명무실해지고, 결국에는 왕희지의 글씨로서 서법 면에서의 가치를 완전히 상실하기에 이른 것은 아닐까 추측되는 것이다.

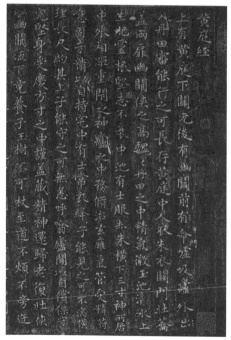

「황정경」 고토미술관 소장

왕희지 수용의 양면성

당대에 왕희지가 수용된 실태에 관해서는 지금까지 주로 궁정이나 귀족에 의한 수장이나 감상이라는 측면에서 검토가 이루어졌다. 이러한 상황은 왕희지의 글씨에 관한 당대 이전 문헌이 대부분 상류층에서의 수장이나 감상과 관련된 자료라는 제약 때문이었다. 왕희지 서법서가 연습용 글씨본으로 사용된 측면, 특히 서민이 왕희지를 어떻게 수용했는지에 관해서는 거의 검토가 이루어지지 않았기 때문이다.

『동방삭화찬』

'서법서'라는 말은 글씨를 배우는 글씨본 그리고 감상을 위한 서체라는 양면성을 포함한다. 본래 왕희지의 글씨는 양자의 밀접한 관련 속에서 수용되어 왔다. 하지만 당대에서 「상상황기」첩은 전자에 크게 치우쳐 있고 후자는 친필과의 사이에 현격한 차이를 보이는, 지극히 불균형한 상황에 처해 있었다고 추측된다. 따라서 왕희지 글씨의 진상이라는 면에서는 「상상황기」첩 습서의 자료적 가치를 거의 인정하기 어렵다. 그러나 왕희지 수용에 대한 문제를 보다 넓은 시야에서 고찰하려 한다면, 상류층에서 친필을 중심으로 한 수장이나 감상이 진행된 동시에 하류층에서는 「상상황기」첩처럼 친필과는 동떨어진 왕희지 법서가 연습용 글씨본으로 널리 유행했던 현실도 충분히 살펴볼 필요가 있겠다.

이러한 의미에서 투루판 출토 문서에 등장한 왕희지 습서는 비록 단편적인 자료지만 이전까지 왕희지 연구의 틈을 메울 소중한 의의를 지닌다고 말할 수 있다.

맺음말

"갑골문이나 금문, 목간 등 출토문자 자료에 대해서 그 학술적 의의를 일반 독자에게 소개하는 책을 써보지 않겠습니까?"

재작년 11월, 도쿄에 갔을 때 오랜만에 만난 니겐샤二玄社 서도구락부書道俱樂部의 후루카와 히데부미古川英文 씨가 던진 이 한 마디가 책 탄생의 시작이었다.

마침 8월에 상해박물관에서 이 책 제4장에서 소개한 '전국 초죽서'를 실제로 보고 흥분이 아직 가라앉지 않은 때이기도 했고, 죽간의 상태 등을 보고하면서 최근 증가 추세인 출토문자 자료에 관해서 이야기가 활기를 띤 참이었다.

이 기획은 나에게 크게 매력적이었지만 쉽게 받아들일 수는 없었다. 확실히 내 전공과 지금까지의 연구 경험에서 본다면 서도사와 문자학 측면에서의 의의를 소개하는 일은 어느 정도 가능하기도 하고, 특히 최근 자주 제기되듯 연구 성과를 사회에 환원하는 차원에서도 필요한 일일 터였다. 그러나 내용과 관련해 일일이 그 학술적 의의를 소개하는 일이라면 그 범위는 너무나도 넓어 내 역량을 넘어선다고 생각했기 때문이다. 그럼에도 불구하고 최종적으로 맡은 데에는 다음과 같은 이유가 있어서다.

　종이에 활자로 인쇄된 일반 문헌 자료에 비해, 일차 자료인 출토문자 자료를 검토할 때에는 내용뿐만 아니라 그것이 어떠한 서체로 어떤 소재에 어떤 도구로 쓰여 있는가 하는 모든 점을 종합적으로 살펴볼 필요가 있다. 현행 문자로 고쳐 쓴 석문에만 의거한 연구가 극히 위험한 것은 종종 지적되는 바다. 같은 상황은 서도사나 문자학 연구자에게도 해당되며, 문자를 검토할 때면 그 자료의 내용이나 성격을 충분히 파악해 두어야만 한다. 이러한 학문적 특색을 고려하다 보니, 내용과 문자(소재 등을 포함) 양면에 걸쳐 출토문자 자료의 의의를 소개하는 일은 매우 중요하며 무엇보다 나 자신에게도 다시없을 귀중한 공부의 기회임을 깨달은 것이다.

　또 하나 출토문자 자료가 지닌 다양한 의의를 소개하는 이 책을 통해, 그 중요성을 한 사람이라도 더 알아주고 가능하다면 연구에 뜻을 두는 사람이 생겼으면 하는 바람도 있었다. 이 책이 출토문자 자료에 관심을 모으는 데 작은 도움이 된다면 그보다 더한 기쁨은 없겠다.

　본서의 1장 5절 '갑골문의 정인과 서계자' 및 2장 3절 '서주 금문의 서체와 계보'는 이시카와 규요石川九楊가 엮은 『서의 우주書の宇宙』 제1책(니겐샤, 1996)에 수록한 졸고 「갑골 금문학에 있어서의 자체론甲骨金文學における字體論」을 기본으로 하였다. 10장 '당대인이 연습한 왕희지의 글씨'는 『서학서도사연구書學書道史研究』 제8호(서학서도사학회, 1998)에 발표한 졸고 「투루판 출토문서에 보이는 아스타나 179호묘문서 '72TAM179:18'를 중심으로吐魯番出土文書に見られる王羲之習書－阿斯塔

那一七九號墓文書'72TAM179:18'を中心に―」를 기본으로 하였다. 책에 수록할 때 각각 대폭 수정하였으며, 그 이외 부분은 이번에 새로 썼다.

집필에서 수많은 선학의 연구를 참고하였다. 책의 성격상 그 대부분에 관해 일일이 주를 달 수 없었는데, 여기에 심심한 감사를 표한다.

또한 전국초간연구회의 아사노 유이치淺野裕一(도호쿠대학 교수), 유아사 구니히로湯淺邦弘(오사카대학 교수), 다케다 겐지竹田健二(시마네대학 조교수), 스가모토 히로츠구菅本大二(바이카여자대학 조교수) 등 선생님들께 이 장을 빌려 감사드린다. 이 연구회는 1998년 10월에 곽점 초묘 죽간의 공동 연구를 위하여 발족하였고, 그 후 공표된 상해박물관 소장 전국 초죽서도 연구 대상에 포함하여 작년 12월로 15회를 맞이했다. 매회 활발하게 전개되는 논의를 통하여 나는 실로 많은 것을 배운다. 전국초간연구회라는 중국 사상사 연구자와 공동 연구의 장이 없었다면 이 책의 주제인 출토문자 자료의 다양한 의의에 관하여 깊이 있게 이해할 수 없었을 것이다.

앞에도 말한 것처럼 니겐샤의 후루카와 씨에게는 기획 단계부터 매우 큰 신세를 졌다. 다시 감사의 뜻을 전한다.

이 책에서 다룬 출토문자 자료는 20세기에 발견된 것의 아주 일부분에 지나지 않고, 다룬 자료에 관해서도 충분히 언급하지 못하였다. 최근의 예로는 작년 11월 23일 자 「마이니치신문每日新聞」의 보도가 그렇다. 마쓰마루 미치오松丸道雄(도쿄대학 명예교수)와 중국 연구자가 협력하여 1997년부터 1998년에 걸쳐 하남성 녹읍태청궁鹿邑太淸宮에서 발굴 조사한 도굴당하지 않은 묘가, 『사기』에도 보이는 은 왕조 최후 주왕의 형인 미자계微子啓의 묘인 것이 확실해졌다는 소식이었다. 마쓰마루에 의하면 묘에서 출토된 수많은 청동기에 보이는 명문 "장자□長子口"는 "미자계"에 해당하고 본래 "장자長子"였던 것이 고문자인 '長' 자와 '微' 자가 아주 흡사했기 때문에 한대에 "미자微子"로 와전된 것이라고 한다. 실로 이 책의 "『상서』「대고」와 서주 갑골"에서 다룬 오대징의 '문자설'에 필적하는 독창적인 견해라고 말할 수 있겠다.

새로운 자료 면에서는 책을 집필하던 중에도 "주마루 삼국오간은 왜 우물에 매장되었나"에서 소개했듯이 2002년 2월 6일에 호남성 용산현에서 2만 매가 넘는 시황제 시대의 진간이 발견되었다. 또 비공식이지만 곽점 초묘 죽간, 상해박물관 소장 전국 초죽서에 이은 제3의 사상 관계 전국 초간이 출토되었다는 정보도 들었다.

"역사를 뒤흔든 문자의 발견"은 아마 21세기에도 계속될 것 같다.

2003년 1월 31일
후쿠다 데쓰유키

주

1_ 고대 은 왕조는 실재하였다 : 갑골문

1) 『사학잡지史学雑誌』 제20편 8~10호, 메이지 42년(1909) / 『지나상대지연구支那上代之研究』, 光風館書店, 재수록

2) 『동아지광東亞之光』 제14권 제5호, 다이쇼 8년(1919) / 『지나상대지연구支那上代之研究』, 光風館書店, 재수록

3) 『관당집림観堂集林』 권9

4) 각 시기의 정인 수는 진몽가陳夢家, 『은허복사종술殷墟卜辭綜述』에 의함

5) 『서적명품총간書跡名品叢刊』 107, 二玄社, 1963년

6) 奎星会出版部, 1959년

7) 「갑골문'에서 '서체書體'란 무엇인가?」, 『서도연구書道研究』, 美術新聞社, 1988년 12월.

2_ 은·주 혁명의 증인 : 서주 금문과 이궤

1) 『금문통석金文通釋』 보석편補釋篇 「14, 이궤」(『금문통석』 권6, 白鶴美術館, 1980년)

2) 吉川弘文館, 1984년

3) 『중국법서가이드中國法書ガイド』 1 갑골문·금문, 二玄社, 1990년

4) 「서주청동기 제작의 배경西周青銅器制作の背景 - 주금문연구周金文研究 · 서장序章」, 『서주청동기와 그 국가西周靑銅器とその國家』, 東京大學出版會, 1980년

* 『상서』 「대고」와 서주 갑골

1) 「오대징吳大澂의 문자학」, 『시라카와 시즈카白川靜 저작집』 제1권, 平凡社, 1999년

3_ 공자가 예언한 '집안 소동'의 전말 : 후마맹서

1) 『우치다 긴부内田吟風 박사 송수 기념 동양사 논집』, 同朋社, 1978년 / 『춘추전국진한시대 출토문자의 자료연구春秋戰國秦漢時代出土文字の資料研究』, 汲古書院, 재수록

2) 『동방학보』 제53책, 1981년 / 『춘추전국진한시대 출토문자의 자료연구春秋戰國秦漢時代出土文字の資料研究』, 재수록

278

4_ 수정이 불가피한 유교사의 통설 : 곽점 초간·전국 초죽서

1) 『문물文物』, 1997년 제7기

2) 2016년 3월, 제9권이 출간되었다. ─역주

3) 上海書店出版社, 2000년

4) 岩波書店, 1936년

5) 全國書房, 1946년

6) 무한武漢(우한) 대학 중국문화연구원 편, 『곽점초간 국제학술연토회 논문집』, 湖北人民出版社, 2000년

5_ 시황제 시대의 법률 지침 : 수호지 진묘 죽간

1) 『수호지 진간을 통해 본 진대의 국가와 사회睡虎地秦簡よりみた秦代の國家と社會』, 創文社, 1998년

2) 『중국 고대 군사 사상사 연구中國古代軍事思想史の研究』, 研文出版社, 1999년

3) 『서품書品』 제57호, 1955년 2월 / 『니시카와 야스시 저작집西川寧 著作集』 제1권, 二玄社, 재수록

6_ 소생하는 한대 학술의 세계 : 마왕퇴 한묘 백서

1) 『미국에서 거행된 마왕퇴 공작회의 기록記在美國舉行的馬王堆工作會議』, 『문물』 1979년 제11기

2) 이하 『천문기상잡점』의 인용은 새로이 발견한 『신발현 중국과학사자료의 연구 역주편新發現中國科學史資料の研究 譯注篇』(京都大學人文科學研究所, 1985)의 번역에 따른다.

3) 『중국 고대의 점법─기술과 주술의 주변中國古代の占法─技術と呪術の周邊』, 研文出版社, 1991년

4) 다나카 도치구田中東竹, 『간독·백서의 서체와 서법簡牘·帛書の書體と書法』, 『중국법서 가이드中國法書ガイド』 10 목간·죽간·백서, 二玄社, 1990년

5) 진송장陳松長(천송장), 『마왕퇴백서예술개술馬王堆帛書藝術概述』, 『마왕퇴백서예술馬王堆帛書藝術』, 上海書店出版社, 1996년

6) 『동방학보東方學報』 제53책, 1981년 / 『춘추전국진한시대 출토자료의 연구春秋戰國秦漢時代出土資料の研究』, 재수록

7) 中華書局, 1985년

* 대나무와 비단에 쓰다

1) 法政大學出版局, 1980년

2) 『국립중앙연구원 역사언어연구소집간國立中央研究院 歷史言語研究所集刊』 제24본, 1953년

7_ 잃어버린 『손자』의 발견 : 은작산 한묘 죽간

* 위서의 오명을 씻은 기록물

1) 『문물』, 1974년 제2기

8_ 삼국지 시대에 싹튼 해서의 생생한 육성 : 주마루 삼국오간

1) 장사시문물고고연구소長沙市文物考古研究所 · 중국문물연구소中國文物研究所 · 북경대학역사학계삼국오간주마루간독정리조北京大學歷史學系三國吳簡走馬樓簡牘整理組 편저, 文物出版社, 1999년

2) 이후 장사시문물고고연구소 · 중국문화유산연구원 · 북경대학역사학계삼국오간주마루간독정리조 편저의 『장사 주마루 삼국오간 · 죽간』 7집(文物出版社, 2013)이 발간되었으며, 이와 관련한 수백 편의 논문이 발표되고 있다. – 역주

3) 「예선선왕의 묵서–현존 최고의 해서誥郡善王の墨書–現存最古の楷書」 『서품書品』 제261호, 1981년 / 『니시카와 야스시 저작집』 제1권, 二玄社, 재수록

4) 『서의 문화사書の文化史』 상, 二玄社, 1991년

* 주마루 삼국오간은 왜 우물에 매장되었나?

1) 『장사주마루삼국오간가화리민전가별』 상책

2) 「중국출토자료연구회회보中國出土資料研究會會報」 제6호, 1997년 6월, 카도다 아키라門田明 번역

3) 『중국문물보中國文物報』, 1999년 12월 8일

9_ 서성 왕희지 글씨를 찾아서 : 누란 출토 문서

1) 다치바나 즈이초, 『중앙아시아 탐험中亞探險』 해설, 中央公論社, 1989년

2) 『동양학보東洋學報』 제1권 제2호, 1911년 / 『하네다 도루 박사 사학논문집羽田博士史學論文集 상권–역사편』, 京都大學文學部內東洋史研究會, 재수록

3) 『동방학보東方學報』, 京都, 第四一册, 1970년

4) 『관당집림觀堂集林』 권17

5) 『동경교육대학 교육부기요東京教育大學教育學部紀要』 제8권, 1962년 / 『니시카와 야스시 저작집』 제4권, 二玄社, 재수록

6) 『용곡사단龍谷史壇』 45호, 1955년 / 『동양학연구 거연한간 편東洋學研究居延漢簡篇』, 同朋舍, 재수록

7) 『중국고대의법과사회 쿠리하라 마스오 선생 고희기념논집中國古代の法と社會栗原益男先生古稀記念論集』, 汲古書院, 1988년

8) 「장금계노본에 관하여張金界奴本について」 『서품書品』 제238호, 1973년 / 『니시카와 야스시 저작집西川寧著作集』 제1권, 재수록

9) 『문물』, 1965년 제6기

10) 『춘흥집春興集』 제1권 제5호(1930년), 제2권 제1호(1931년) / 『니시카와 야스시 저작집』 제3권, 재수록

11) 『타야마 호우난田山方南 선생 화갑기념논문집』, 1963년 / 『니시카와 야스시 저작집』 제4권, 재수록

* 누란 문서의 번짐 막기

1) 『누란발현-잔지·목독樓蘭發現-殘紙·木牘』, 日本書道教育會議, 1988년

10_ 당대인이 연습한 왕희지의 글씨 : 투루판 출토 문서

1) 중국문물연구소·신강유오이자치구박물관·무한대학역사계 편, 당장유唐長孺 주편의 『투루판 출토문서吐魯番出土文書』일壹~사肆 전4책, 文物出版社, 1992년~1996년

2) 二玄社, 1979년

3) 오타니 대학 불교문화연구소 편, 法藏館, 1990년